COLECCIÓN «LA OTRA MIRADA»

ANICETO MASFERRER

CÓMO
VIVIR EN LIBERTAD
SIENDO UNO MISMO

FONTE
GRUPO EDITORIAL

EDITORIAL
MONTE CARMELO

© Aniceto Masferrer
© Grupo Editorial Fonte
P. del Empecinado, 1; Apdo. 19 - 09080 - Burgos
Tfno.: 947 25 60 61

www.montecarmelo.com
www.grupoeditorialfonte.com
editorial@grupoeditorialfonte.com

ISBN: 978-84-10023-16-1
Depósito Legal: BU-49-2024

Impresión y encuadernación
Grupo Editorial Fonte - Burgos
Impreso en España. Printed in Spain

ÍNDICE

Prólogo 7

Introducción. El mito posmoderno de la libertad 11

1. Lo que me viene dado: la aceptación de uno mismo 17
   Contemplar la realidad, pensar y dialogar 18
   Vivir en la realidad: conocimiento propio y aceptación
   (de lo que me viene dado) 25
   Contribución de los demás al conocimiento propio 29
   Aceptarse, perdonarse y amarse a uno mismo 32
   La importancia del agradecimiento 35
   Los peligros de vivir fuera de la realidad 36
   Reconocer las propias fortalezas y debilidades 37
   Afrontar la realidad de lo que viene dado 38
   Tomar decisiones por uno mismo 41

2. Lo que quiero llegar a ser: proyecto personal
   y relaciones humanas 45
   Lo que cada uno puede hacer con lo que le viene dado:
   cómo decidir qué hacer con la propia vida 46
   El proyecto vital o personal 49
       1.º «Algo que merezca la pena» 53
       2.º «Que yo pueda llevar a cabo» 56
   Valentía y audacia para tomar una decisión 57
   Superar el temor a equivocarse, fallar o defraudar 59

El núcleo de todo proyecto personal 61

Recapitulación final 62

3. La realización personal en el tiempo 65

¿Por qué el tiempo es clave para la realización personal? .. 66

La concepción del tiempo en la cultura actual 69

¿Cómo superar las dificultades y peligros que plantean
el transcurso del tiempo? 74

    Ideas básicas 74

    Claves prácticas 75

El reto del paso del tiempo 91

4. Cuatro claves éticas para una sociedad civil libre
y madura 93

Ética, felicidad humana y justicia social 93

Ética y libertad 98

Cuatro claves éticas para una sociedad civil libre y madura .. 102

    1.ª Pensar por uno mismo 103

    2.ª Expresar lo que se piensa 106

    3.º Respetar y procurar el bien del otro 107

    4.ª Buscar la excelencia en todo lo que se hace 109

Consideración final 111

Epílogo: a vivir en libertad se aprende 113

    «Yo no te engaño». Carta de un profesor universitario
a su estudiante 113

    Vocación docente 120

Selección de quince lecturas recomendables 125

PRÓLOGO

Cómo vivir siendo uno mismo, fue el título de un ciclo de tres conferencias que impartí en los meses octubre y noviembre de 2021, en el Ateneo Mercantil de Valencia. El objetivo era sintetizar el contenido de un libro que acababa de publicarse, *Manual de ética para la vida moderna* (EDAF, 2020), del que soy autor y editor. Sin embargo, al preparar las sesiones constaté la imposibilidad de resumirlo adecuadamente, y decidí centrarme en un aspecto fundamental de toda vida humana: *Cómo vivir en libertad siendo uno mismo*, título de este libro.

Desglosar en tres ponencias lo que significa vivir en libertad, precisaba abordar un tema fundamental, cada uno conexo con el siguiente, formando un todo coherente y completo, sin perjuicio de que cada parte pueda ser objeto de un mayor desarrollo.

En la primera conferencia, con el título «Lo que me viene dado: la aceptación de uno mismo», traté de explicar lo que nos viene otorgado: aquello que uno recibe, aquello que —podríamos decir— no ha surgido del esfuerzo, lo que uno ha recibido sin haberlo decidido. A este respecto, Albert Camus decía que la única cuestión filosófica relevante del ser humano es el suicidio, porque uno puede decidir si quiere suicidarse o no; pero sobre la vida uno no decide ya que se encuentra viviendo fácticamente. Esto es lo primero, pero no lo único. Frente a todo lo que a uno le viene dado, cabe plantearse lo que uno debe hacer: si todo me viene dado, ¿de qué modo puedo contribuir a esa felicidad? ¿Qué debe aportar cada uno?

Ese fue el objeto de la segunda conferencia. Sólo sobre la base del conocimiento y aceptación de lo que me viene dado, cabe dar el paso siguiente: el proyecto personal. De ahí el título: «Lo que quiero llegar a ser: proyecto personal y relaciones humanas». Es imposible tener una vida lograda sin un proyecto personal. Ese proyecto tiene, a mi juicio, una serie de características que conviene considerar despacio. Saber y tener claro el propio proyecto personal, único, singular e irrepetible —no existen dos vidas idénticas— es una condición necesaria para vivir la libertad con sentido y perspectiva. De lo contrario, uno termina conformándose con una libertad meramente electiva —si me como un helado de fresa o de vainilla— pero no realizar un proyecto biográfico cuyas elecciones tienen coherencia y sentido.

La tercera sesión versó sobre los retos que plantea la vida cuando alguien se propone desarrollar o desplegar un proyecto vital, un proyecto personal. De poco serviría tener un proyecto si uno dejara que el paso del tiempo y las dificultades terminaran por erosionarlo o desdibujarlo. De ahí el título de la tercera conferencia: «La realización personal en el tiempo».

En resumen, empecé por lo que a uno le viene dado y por la necesidad de aceptarse a sí mismo. A continuación, traté —sobre la base del conocimiento y aceptación de uno mismo— de la importancia de tener un proyecto personal —clave para crecer y madurar como persona—, así como el puesto que los demás deben ocupar en él. Y, finalmente, ofrecí algunas claves sobre el modo de llevar a cabo ese proyecto en el tiempo, que es el primer don —junto a la vida— del que cada ser humano se hace depositario. En realidad, no puede haber vida humana sin tiempo.

Pese a que las tres sesiones de ese ciclo fueron grabadas y están disponibles en el canal de YouTube del Ateneo Mercantil, varias personas contactaron conmigo para preguntarme dónde podían adquirir el texto escrito de esas conferencias, para poder así leerlo más tranquilamente. Algunas me dijeron que las habían escuchado varias veces, o que las visualizaban de vez en cuando, apoyándose en ellas como claves puntos de referencia en sus vidas. Otras me animaron a escribirlas para facilitar su difusión y lectura atenta.

Todo ello me ha llevado a publicar este breve libro. Estoy muy agradecido a quienes me animaron a poner por escrito el mencionado ciclo de conferencias, y a quien tuvo la generosidad de transcribir esas charlas y su coloquio posterior. Sobre esta base, revisé el texto, porque hay formas de decir que siendo aptas para una exposición oral, no lo son tanto para un texto escrito; como no es lo mismo escuchar una ponencia que leer un texto, sobre todo cuando quien habla se sirve de unas notas escritas —en mi caso, buena parte de ellas preparadas a vuela pluma— con la idea de no limitarse a leerlas sin más a la hora de exponerlas.

En la revisión he añadido o desarrollado algunos aspectos con la idea de darle una mayor coherencia y consistencia lógica. Es el caso de estas primeras líneas explicativas del libro, el capítulo introductorio relativo al mito posmoderno de la libertad, que facilita entender mejor en qué medida la aceptación de uno mismo, el proyecto personal y su realización en el tiempo, permiten superar una concepción errónea de la libertad, desgraciadamente muy extendida en la actualidad. El capítulo cuarto recoge otra conferencia, impartida también en el Ateneo Mercantil unos meses antes, directamente relacionada con el objeto del ciclo, pero en esa ocasión con un enfoque más social («¿Es posible una sociedad civil ética?». Y el libro concluye con un epílogo titulado «A vivir en libertad se aprende», en el que me dirijo más directamente al lector más joven, quizá al estudiante que desea saber cómo y por dónde empezar, así como al docente que desea mejorar su contribución al proceso de crecimiento y maduración —tanto humano como intelectual y profesional— de sus estudiantes. A ambos les transmito —con dos textos distintos— que no se nace viviendo en libertad y siendo un buen docente, sino que se aprende, y que ese aprendizaje depende, sobre todo, de uno mismo.

No quiero dejar de agradecer a mi amigo Pedro López la lectura del manuscrito, mejorado y enriquecido con sus atinadas aportaciones. También agradezco sinceramente al Grupo Editorial Fonte la publicación de esta obra.

Espero que la lectura de este libro contribuya a ayudar al lector a tomar la decisión de vivir en libertad, llevando a cabo un proyecto personal singular e irrepetible que llene su vida, y de la cual también pueda beneficiarse el conjunto de la sociedad.

INTRODUCCIÓN.
EL MITO POSMODERNO
DE LA LIBERTAD

La película *Catwoman* (2004) muestra cómo su protagonista, Patience Philips (Halle Berry), experimenta una transformación radical en un momento difícil de su vida, que le permite pasar de ser una mujer sumisa y siempre dispuesta a agradar a la gente, a otra agraciada con tal fuerza, agilidad y sensibilidad en sus sentidos —tan agudos como los de un gato—, que es capaz de vengarse de sus enemigos. «Freedom is power», la libertad es poder, afirma con orgullo. Y añade: «La libertad también de «poder» hacer el mal». En efecto, si lo más propio de la libertad es la mera «facultad» o «poder» de hacer lo que se quiera, resulta lógico concluir que la libertad también incluye la facultad de hacer el mal. Tan libre es quien hace el bien como el mal, siempre y cuando sea eso lo que se quiera. Se trata de una concepción nietzscheana de la libertad («voluntad de poder»). Es cuanto menos inquietante.

En realidad, según el mito posmoderno de la libertad, es bueno lo que uno quiere y malo lo que uno no quiere. No se admite que pueda ser malo algo que uno realmente quiere, ni pueda ser bueno algo que uno en realidad no quiere. Y es un «mito» porque la misma realidad se encarga de desmentir semejante planteamiento. Pero cuando ésta lo hace, y nos topamos con la realidad, a veces es un poco tarde y resulta difícil cambiar ese paradigma de libertad. Además, uno vive inmerso en una cultura cuyo magisterio va en la dirección del mito, con lo que no resulta fácil percatarse de su falsedad y menos aún vivir a contracorriente.

La tecnología y las redes sociales son la plasmación más elocuente de este mito de la libertad, y pueden llegar a ser, para millones de personas, la principal fuente configuradora de esa concepción de la libertad, no teórica sino práctica y cotidiana, forjando la mentalidad, la conducta y la personalidad moral de cada individuo. En efecto, las redes sociales permiten vivir y gozar de la realidad que uno desea de modo fácil, veloz, ágil y colmando de gozo los sentidos —desde luego, más allá de las posibilidades de un gato—. Ahí, el espacio no es problema: uno puede estar en cualquier sitio en cualquier momento, incluso en varios sitios al mismo tiempo. Uno puede endiosarse, no sólo gozando del don de la ubicuidad o superando el sentido del límite, sino también pudiendo ver, viajar, comprar, hablar, etc., con un simple clic. Puede mostrarse a los demás como quiera, juntarse con unos, evitar a otros, etc. Ahí es más fácil aparentar lo que no se es, o enmascarar lo que se es. Ahí ser guay es relativamente sencillo. En el ámbito virtual uno puede cultivar y alimentar a diario su imagen, su apariencia, su «alter ego», esa persona que se querría ser y no se es.

De ahí que las redes sociales sean, en realidad, un gran escaparate, lleno de maniquís guapetones y bien vestidos, como los que se colocan en los grandes almacenes. Vidas sin rostros reales que esconden, en el fondo, un vacío y una sed de autenticidad imposible de saciar con el ejercicio de esa libertad de «poder» hacer lo que se quiera, siempre y cuando a los demás les parezca bien, no les defraude, ni les falle, ni piensen que soy ignorante o demasiado inteligente. Ahí el miedo al juicio ajeno o al ridículo parece mitigarse, porque el otro no está presente; y cuando sí está, probablemente yo no esté. Sin embargo, ese gran escaparate impide ser uno mismo, pensar por uno mismo, expresar lo que se piensa, y mucho menos desplegar un proyecto personal único, original y atractivo por el que se esté dispuesto a hacer lo que sea. Es una auténtica farsa. Una vida superficial. Un vivir sin vivir. Uno no sabe, en realidad, quién es, cómo es, ni para qué está. Y si lo sabe, se avergüenza de ello, hasta el punto de poder odiarse a sí mismo, en parte o completamente. Si a todo esto se le añade el pasado, aquellas partes más oscuras de la propia existencia, el peso que uno lleva encima, ya desde muy joven, puede resultar (casi) insoportable. Se afana uno por no perderse nada, pero sin lograr apaciguar la sensación interior de vacío, de estar perdiéndolo todo, con una inquietud habitual, que en ocasiones se convierte en una especie de angustia melancólica que puede desembocar en episodios más o menos prolongados de ansiedad difíciles de sobrellevar. Uno cree necesitar de una actividad constante y trepidante, estar siempre con alguien y tener algo que ver o escuchar. Pararse, estar solo y en silencio parecen signos inequívocos de caer en desgracia o de muerte prematura.

¿Y qué relación tendrá pararse, estar solo y en silencio, con la libertad? Con casi todo. Un jurista y filósofo alemán del siglo XVII, Samuel von Pufendorf, afirmó que la moral es lo que distingue la libertad humana del comportamiento animal. Y un científico francés contemporáneo, Blaise Pascal, señaló que, en moral, lo primero es pensar. Quien quiera empezar de nuevo, salir de ese atolladero y superar ese mito posmoderno de la libertad que conduce inexorablemente al desesperante callejón sin salida aquí descrito, debe pararse y pensar. Sólo así se puede descubrir que la libertad exige vivir con intensidad y plenitud la propia vida, ser protagonista —no observador—, tomar las riendas de la propia biografía. ¿Cómo puede vivirse así, ejercitando la libertad de ese modo? Cabría resumirlo en tres ideas o pasos fundamentales.

1.° Conoce y acepta lo que te viene dado: conocimiento y aceptación de uno mismo. Conoce la realidad, empezando por ti mismo, y acéptala: acéptate como eres, con tus luces y tus sombras. La primera condición para una vida lograda es aceptarse como se es. Y para ello, conviene conocerse, saber qué me ha venido dado, con qué me he encontrado y de quién he recibido el amor del que he gozado. Ese conocimiento y aceptación despierta el asombro y el agradecimiento, nos ancla en la realidad y nos protege del peligro de vivir en la ignorancia, en la mentira o en la apariencia. Sólo desde la verdad de lo que uno es puede construirse un proyecto personal y genuino, sin necesidad de tener que estar mendigando la aprobación y la estima de los demás.

2.° Decide lo que quieres llegar a ser: proyecto personal y relaciones humanas. Para que el ejercicio de la libertad tenga un sentido que trascienda una suma inconexa de elecciones banales, se requiere de un proyecto personal que informe toda tu vida y que no sea auto-referencial, es decir, que los demás estén en el centro. El conocimiento de la realidad y de ti mismo te permite construir, de un modo único y original, la propia vida, lo que quieres llegar a ser, sin perder el anclaje con la realidad, llevando a la plenitud lo que eres, tu potencialidad, aquello a lo que te sientes llamado. El proyecto personal y las relaciones humanas son claves, porque dan sentido, profundidad y perspectiva a la propia vida.

3.º Haz realidad ese proyecto en el tiempo con el ejercicio de tu libertad. Para realizarse y crecer como persona se requiere de tiempo. Pero no es suficiente con dejar que el tiempo transcurra. Del uso que de él hagas dependerá, en buena medida, que llegues a ser lo que quieras ser, llevar a la plenitud tu proyecto personal, esa biografía única e irrepetible, aquello que quieres hacer de tu vida. Para ello, tendrás que superar algunas concepciones erróneas del tiempo, muy presentes en esta sociedad posmoderna (narcisismo, hedonismo y utilitarismo), que amenazan con erosionar no sólo lo que quieres llegar a ser, sino incluso aquello que te venía dado y constituía tu punto de partida. Ahí es imprescindible ejercer tu libertad, entendida más como conquista, que como mera suma de elecciones triviales y pasajeras. Con tu libertad podrás hacer realidad tu proyecto personal y lograrás desplegar tu personalidad, con toda su riqueza y potencialidad. No te conformes con menos. *Don't try. Just do it! Make it real!*

Así pues, no es posible vivir en libertad, y desplegar la potencialidad singular e irrepetible de cada uno, sin aceptarse a sí mismo, sin tener un buen proyecto personal y sin ser capaz de llevarlo a cabo en el tiempo. Veamos ahora cada una de esas condiciones imprescindibles.

LO QUE ME VIENE DADO: LA ACEPTACIÓN DE UNO MISMO | 1

El primer principio para procurar una vida lograda es pensar por uno mismo. Lo primero es pensar. Esta frase no es mía. Pascal ya lo decía hace casi cuatro siglos. ¿Por qué el primer principio para procurar una vida plena y lograda es pensar o pensar por uno mismo?

Los animales no racionales pueden tener una vida bastante plena, dentro de sus posibilidades, con dejarse llevar por sus instintos y gozar todo lo posible de la vida sensitiva. Yo gozo contemplando a los pájaros: ¡qué bello es contemplar a un pájaro que vuela con majestuosidad, pudiendo decidir a su antojo si vuela hacia un lado o hacia otro! (Quizá por eso me gusta el vuelo de un avión, más desde fuera que desde dentro, pues es más bello contemplar su vuelo desde fuera que desde dentro; desde dentro uno puede ver lo que está fuera del avión, pero no el vuelo del avión, su despegue y su aterrizaje). Volviendo al vuelo del pájaro, esto no es posible al ser humano. No me refiero al hecho de que al hombre no le resulte posible volar con las manos (en efecto, esto no es posible), sino que no es posible una vida plena solo con seguir tan sólo los propios instintos.

No es que el ser humano tenga que despreciar la vida sensitiva y los placeres sensitivos, que también pueden ser buenos en su justa medida, pero es insuficiente. Necesitamos que las cosas tengan un sentido. Los animales no se plantean la cuestión de que las cosas tengan un sentido, un propósito. Seguir siempre lo que nos marcan los instintos o los sentidos no nos ayuda. Es difícil descubrir el sentido de las cosas sin pararse a pensar; y si uno no se para a pensar, es difícil saber qué sentido tienen las cosas o, incluso, conferir sentido a las cosas.

Contemplar la realidad, pensar y dialogar

Para llevar una vida plena, lograda, hay tres actividades intelectuales que —a mi modo de ver— son fundamentales: contemplar la realidad, pensar y dialogar. Creo que estas son las grandes actividades intelectuales, aquellas que nos distinguen radicalmente de los animales no racionales.

La sociedad posmoderna en la que vivimos ha perdido la capacidad de contemplar la realidad. Como decía Hobbes en el *Leviatán*, conocer es saber lo que se puede hacer con las cosas. Para Hobbes, lo relevante del conocimiento no es la contemplación de la realidad, sino la idea de utilidad, de lo útil o práctico, lo que uno puede hacer o dejar de hacer con ella: ¿cómo puedo manipular y transformar la realidad? Y esto es así porque, según este modo de pensar —tan extendido a día de hoy—, contemplar la realidad resulta aburrido y poco productivo; se ve como algo más atractivo y estimulante manosear o manipular las cosas. Ese modo de concebir la realidad y su conocimiento es un problema, y constituye un obstáculo —a veces, insuperable— a la hora de descubrir la maravilla de contemplar la realidad tal cual es, de ver las cosas tal como son. Voy a poner un ejemplo.

Estoy seguro de que al ver el título de este capítulo —«La aceptación de uno mismo»— muchos se habrán dado cuenta de que es un tema importante porque es una asignatura que nunca termina de aprenderse del todo, incluso con el paso del tiempo, y alguno se habrá dicho a sí mismo: Sí, me interesa ese tema, voy a leerlo. En algunos casos habrá sido así. Otras personas, sin embargo, quizá lo leerán no solo porque el tema les interese, sino porque me conocen; y como me conocen, me ven con buenos ojos. Esos buenos ojos con los que estas personas me miran crea en ellos una predisposición de apertura que facilita atender y captar mejor lo que ahora voy a decir. Lo mismo sucede con la realidad: si se la ve —o contempla— con buenos ojos, con una mirada abierta y respetuosa, no con otra meramente utilitarista y calculadora, es más fácil acercarse a conocerla como es, no como a uno le interesaría que fuera. ¡Qué distinto es mirar a una persona o una realidad con buenos ojos —abiertos, respetuosos, positivos—, que hacerlo desde la perspectiva de la utilidad o el interés personal! Cambia por completo la perspectiva. La realidad importa. Uno puede vivir de espaldas a ella, y el primer sentido que permite captarla tal cual es —con sus luces y sombras— es la vista. De ahí la importancia de estimular y adquirir la capacidad de observación, de contemplación.

La segunda gran actividad intelectual es pensar o reflexionar críticamente. Todo el mundo está a favor del «pensamiento crítico», pero pocos logran ejercitarlo de modo habitual. Algunas personas incluso dicen no pensar mucho porque cuando lo hacen se rayan; puede no faltarles razón, pero habría que ver qué significa para ellas pensar y cómo lo hacen. No se puede vivir en libertad sin una mínima capacidad reflexiva, como no es posible disfrutar de un buen coche si se desconoce cómo conducirlo, o uno se empeña en hacerlo desde el asiento de detrás.

Existen tres premisas —conexas entre sí— que explican por qué el pensamiento crítico es clave para vivir en libertad: 1) no es posible una vida auténticamente humana si se renuncia a vivir en libertad; 2) no puede vivir en libertad quien se desentiende de la verdad que subyace y refleja todo aquello que es bueno, bello y justo; 3) no puede acceder a la verdad quien no piensa por sí mismo. De ahí la necesidad de estimular el pensamiento crítico. El primer ámbito en el que debe desplegarse el ejercicio de la libertad no consiste en la mera posibilidad de elección, sino en la capacidad de pensar por uno mismo, sin la cual las otras dimensiones de la libertad resultan insuficientes y carecen de sentido.

Es más humano estar en el error pensando por uno mismo que en la verdad habiéndola «asumido» pasiva y acríticamente; el primero, si mantiene su apertura mental y sano espíritu crítico, podrá llegar a la verdad y experimentará su luz y plenitud; el segundo, en cambio, jamás terminará de descubrir su fulgor, quizá ese mismo que llevó a Dostoyevski a afirmar que «la belleza salvará el mundo». La libertad es tan necesaria como bella, pero pierde su belleza si se despliega al margen de la justicia, si conculca las libertades de los demás, sobre todo las de los más vulnerables, la de aquellos que no tienen voz o no tienen la fuerza suficiente para hacerse oír y respetar. Por ello, es necesario estimular el pensamiento crítico y fomentar la expresión de las propias ideas (porque no es posible pensar bien, de un modo cabal, sin expresar de algún modo lo que se piensa). Quien piensa por uno mismo puede desde luego equivocarse *(errare humanum est)*, pero más se equivocaría si no pensara por sí mismo (por temor a equivocarse o a quedar mal), ni fuera capaz de expresarse y dialogar con quien piensa de modo distinto. Pensar por uno mismo exige expresar lo que se piensa y dialogar; y esa expresión y diálogo permiten aumentar el pensamiento crítico, aunque para ello se requiere una actitud de apertura mental, incompatible con el prejuicio y la terquedad.

Se nace con capacidad reflexiva, pero no con el hábito de reflexionar. Pensar críticamente requiere de un aprendizaje. La educación debería contribuir a ello, de ahí la responsabilidad de quienes se dedican a la docencia. Para ello, es clave transmitir el gusto por la lectura, la curiosidad intelectual que lleva a hacerse preguntas y tratar de responderlas uno mismo en primer lugar, así como el uso del método socrático. Al impartir clase, conviene empezar explicando la relevancia e interés de lo que se va a tratar para atraer el interés de los alumnos desde el principio. Hay que captar la atención y el interés por la materia en primer lugar, y luego plantear preguntas inteligentes que estimulen el pensamiento crítico de los alumnos. Esto es clave: unos buenos libros, unas buenas lecturas y unas buenas clases en las que el profesor dialoga con el estudiante, recurriendo a preguntas, para que el estudiante intente responderlas de un modo razonado. Esto, lógicamente, no es fácil, pero es el camino, lo que conviene hacer. En ocasiones, conviene obligar o forzar el inicio de procesos que permitan o faciliten seguir haciéndolo libremente. Hace un tiempo me contó una voluntaria cómo empezó a realizar actividades de voluntariado en la Fundación Universitas: «Yo empecé el voluntariado porque me obligaron». «¿Te obligaron?», le pregunté. «Bueno, me obligaron al principio, pero al cabo de un tiempo me di cuenta de que dedicar tiempo a los demás era bueno, le cogí gusto y entonces ya seguí haciéndolo por voluntad propia», me contestó. Esto es aplicable al gusto por la lectura: hay que exigir algunas buenas lecturas con la esperanza de que sirvan de estímulo y contribuyan a gozar del silencio, del pensamiento y de la reflexión. Quienes leemos sabemos que leer un libro supone adentrarse en la vida y el mundo de su autor, quien a su vez se ha adentrado en muchas otras vidas. Uno vive casi tantas vidas como libros lee y esto es muy enriquecedor. Urge trasmitir esa riqueza a los estudiantes cuanto antes, con lecturas acordes con su edad.

Ahora bien, si el sistema educativo no fomenta el pensamiento crítico ni la expresión de las propias ideas —como es el caso actualmente en nuestro país—, es posible adquirirlo si uno pone un poco más de esfuerzo por su parte. De hecho, quien realmente aprende y se forma es uno mismo; un sistema educativo lo puede facilitar, pero jamás reemplazar el protagonismo que siempre corresponde a cada persona. Suelo decir a los estudiantes que mi principal misión al impartir docencia, además de transmitir los conocimientos relativos a la asignatura correspondiente, es, fundamentalmente, ayudar a pensar, a tener pensamiento crítico. Y les digo que no quiero que ellos piensen como yo, sino que piensen, y lo hagan por ellos mismos; que se pregunten si ese pensamiento es realmente suyo, si eso que piensan —o creen pensar— es algo que han interiorizado —algo a lo que han llegado a la conclusión después de analizarlo críticamente— o es algo impostado, algo que está en la atmósfera, en el ambiente cultural, y ellos piensan que es suyo cuando en el fondo no lo es.

En esta línea, también suelo advertir a los estudiantes —siguiendo al filósofo John Finnis— de la existencia de tres obstáculos que conviene conocer y superar para tomar buenas decisiones. En ocasiones, esa decisión sobre qué es lo bueno, lo bello o lo verdadero, puede quedar empañada o mediatizada por tres dificultades: la cultura, el interés personal y la fuerza —o virulencia— de los propios instintos o pasiones. Por tanto, cuando uno toma una decisión tiene que pensar, con respecto a la cultura: «¿Pienso yo así en realidad? ¿No será que así pienso porque esa es la opinión mayoritaria?». Cuando el pensamiento propio se identifica con el mayoritario o el culturalmente hegemónico, conviene plantearse seriamente hasta qué punto mi modo de pensar puede ser más ajeno que propio. En relación al interés personal o a los instintos, uno debería de preguntarse: «¿Pienso yo así porque creo que esto es lo bueno o, por el contrario, he llegado a esa conclusión porque tengo en eso un especial interés, o porque siento una fuerte inclinación que quizá me esté cegando o impidiendo analizarlo de un modo más objetivo o ecuánime?». Esto no es fácil porque hay inclinaciones y pasiones que pueden ser muy buenas y convendrá seguir, pero no es bueno seguir todas las pasiones en cualquier momento. Ese discernimiento exige un esfuerzo racional o intelectual, y nos remite al primer principio: para llevar una vida humana que lleve hacia el crecimiento y plenitud como persona, lo primero es pensar. Si el sistema educativo no promueve este tipo de ejercicios para ayudar a la gente joven a pensar por sí misma, a tener pensamiento crítico, lo puede practicar cada uno por su cuenta en su propia vida.

Al mismo tiempo, conviene tener presente que el ser humano es frágil y perfectible. Como se ha dicho, «equivocarse es humano». Por tanto, no es posible poseer la verdad de un modo completo, porque afirmar —o incluso llegar a pensar— que uno posee la verdad es una forma de fundamentalismo. A este respecto conviene huir de dos extremos: el del fundamentalista que afirma poseer la verdad y el del relativista que afirma que todo es absolutamente relativo. La verdad existe, y uno debe procurar aproximarse a ella, pero no es susceptible de ser poseída del todo, quizá porque, en realidad, es más certero reconocer que es la verdad la que termina poseyendo a quien la busca con una actitud humilde y perseverante. Y ese camino hacia la verdad pasa, necesariamente, por una actitud de apertura mental y de diálogo con todos, y en particular con quienes no piensan como uno.

De ahí la importancia del diálogo como tercera actividad intelectual propiamente humana. Uno podría decirme: «¿No existen otras actividades intelectuales, además de contemplar la realidad, pensar y dialogar? ¿Acaso como profesor de universidad, no lees o enseñas? ¿Por qué no añades aquí «leer» o «enseñar» como otras actividades intelectuales relevantes?». Para mí, enseñar y leer es dialogar; no concibo la lectura sin el diálogo. Para mí, leer un libro es dialogar con su autor. Para mí, impartir una clase es dialogar con todo el grupo en general y con cada estudiante en particular, también cuando se trata de la clásica lección magistral y el auditorio está perfectamente callado, porque viendo los rostros —ver el PowerPoint no es lo mismo que ver los rostros—, voy mirando —con sus reacciones— las respuestas a mis afirmaciones. Hay un lenguaje corporal que es posible interpretar y permite dialogar con el público silente. Como docente, siempre aprendo de mis estudiantes, no sólo cuando intervienen —cosa que hacen bastante—, sino también cuando guardan silencio.

La realidad en sí misma es objetiva, mientras que las perspectivas que nosotros tenemos de la realidad son sectoriales o parciales. Se podría decir que la realidad es poliédrica, tiene muchos lados. En función de la formación recibida, uno puede tener mayor sensibilidad hacia un aspecto de la realidad. Por eso es tan importante dialogar con los demás. Así uno se va enriqueciendo. Uno debería de alegrarse —cosa no fácil— de oír una opinión distinta a la propia, por el enriquecimiento que implica. Carece de sentido ver la discrepancia como un obstáculo, como algo molesto o impertinente, cuando en realidad se trata de algo positivo y enriquecedor en las relaciones personales, además de primordial e imprescindible en toda sociedad democrática.

Se equivocan quienes piensan que en moral lo primero es hacer cosas (buenas), que lo primero es actuar. No es acertado sostener que la moral consiste en hacer cosas, hacer cosas buenas. «Hagamos cosas buenas». Es cierto que lo primero es querer hacer el bien. Desde luego, nadie afirmaría que lo primero sea hacer el mal, pues no parece que sea esto lo mejor; es mejor hacer el bien. Es verdad que lo primero es querer hacer el bien, pero para hacerlo, ¡hay que saber hacerlo!, ¡hay que saber dónde está el bien!, dónde está lo bello, dónde está lo verdadero, porque lo verdadero, lo bueno, lo bello no es algo siempre evidente.

Hay cosas que son bellas, que son verdaderas y son buenas, y no son de visión-percepción inmediata. Y como no lo son, uno jamás debería dejar o delegar esa pesquisa o indagación a otros, incluidas las instituciones, o a la cultura en la que vive inmerso. Pueden ayudar, más o menos, pero uno no debería de adoptar un modelo o seguir una conducta por el simple argumento de autoridad, sino porque piensa en conciencia que esto es lo bueno o lo justo. Aunque esa afirmación pueda parecer un poco fuerte o radical, la quiero dejar bien clara: uno debería de hacer siempre aquello que entiende como bueno después de pensarlo en conciencia. Pensar en conciencia supone pensar por uno mismo. De ahí la estrecha relación entre la moral y el pensamiento crítico, y que Pascal tuviera razón al afirmar que, para tener una vida plena —que de eso va la moral—, «lo primero es pensar».

Vivir en la realidad: conocimiento propio y aceptación (de lo que me viene dado)

He aquí, pues, el primer principio: piensa por ti mismo, piensa críticamente. Esto es fundamental porque la felicidad, una sana vida moral, una vida lograda, necesariamente tienen que anclarse en algo y ese algo es la realidad. Ese debe ser el referente fundamental. El referente fundamental es la realidad, esa realidad es la gran autoridad de la razón y de la vida moral y, por tanto, la clave de una vida feliz. No se puede ser feliz en la fantasía o en la irrealidad. Uno puede ser feliz «sólo» en la realidad. Aunque a veces la realidad se presente dura, ardua, difícil de conocer, reconocer y aceptar, es el único sustento y camino sobre los que cabe construir una vida lograda. Una libertad ejercida al margen de la realidad no lleva a la plenitud humana, sino al vacío y a la insatisfacción, pasando por el tortuoso y doloroso campo de las adicciones y frustraciones.

Por tanto, lo primero en la vida moral no es lo que debo hacer, sino lo que ya me he encontrado hecho. Hay que partir de lo que soy y de lo que tengo: (re)conocerlo y aceptarlo. Es erróneo pensar que, para ser feliz, lo primero es —para resumirlo en tres verbos— hacer, dar, amar. Parecen palabras importantes: hacer (cosas buenas), dar, amar. En verdad, son relevantes, pero no siempre son lo más importante y, sobre todo, no son lo primero, no son la base fundamental de una vida lograda. Lo primero es reconocer, tomar conciencia de que, si puedo hacer, dar y amar, es porque antes he recibido. En realidad, lo más importante me viene dado. Como lo más relevante me ha venido dado, sentirse o creerse autosuficiente carece de sentido e implica situarse fuera de la realidad. Uno ha necesitado —y sigue necesitando— del otro, de los otros. Reconocer y aceptar la existencia de una realidad que me precede y me viene dada, no es una invitación a la pasividad, ni a minusvalorar la importancia de la propia aportación y del proyecto personal. De hecho, el conocimiento y la aceptación de lo que me viene dado exige una actitud activa por comprender qué es exactamente eso que a cada uno le viene dado: ¿quién soy yo?, ¿cómo soy yo?, ¿qué he recibido?, ¿qué han hecho por mí?, ¿qué amor he recibido en la vida? En definitiva, se trata de empezar por la conocida frase recogida en el templo de Apolo, en

Delfos: «Conócete a ti mismo». Esto es lo primero. Esa idea puso Platón en boca de Sócrates al afirmar que para gobernar a los demás hace falta, en primer lugar, aprender a gobernarse a uno mismo, y que para gobernarse a uno mismo es importante, en primer lugar, conocerse a sí mismo. Conocerse a uno mismo requiere de una actitud activa y positiva, que exige poner, no sólo el corazón y la voluntad, sino la razón, para situar el pensamiento —corazón y voluntad son insuficientes—, en el puesto de mando de la propia vida, de la propia existencia. Pascal decía en el siglo XVII que «el corazón tiene razones que la razón no entiende». Cuando me refiero a la inteligencia y a la razón, no es una razón descarnada del ser humano, sino que remite a todo el ser humano, incluyendo también los sentimientos y los afectos. En la vida uno va tomando decisiones. En ocasiones se pueden tomar grandes decisiones en momentos de especial lucidez y de modo relativamente rápido, con la ayuda del corazón, y que duran toda la vida. A veces el corazón puede ser una buena guía para saber hacia dónde tirar. La razón sola no se atrevería a hacerlo, pero el corazón concede el empuje o valentía necesaria para decidirse a algo grande y que merece la pena, aunque implique pasar por dificultades. La razón es más fría y conservadora, prefiere esperar y ponderar mucho más las cosas, y le puede faltar la osadía del corazón. Lo ideal es procurar encontrar un equilibrio entre la frialdad de razón y la pasión —o el impulso afectivo— del corazón, aunque no siempre resulte fácil.

Es bien conocida la afirmación de Ortega y Gasset: «Yo soy yo y mi circunstancia, y si no la salvo a ella no me salvo yo» (Meditaciones del Quijote, 1914). Cabría pensar que esa necesidad de conocerse y aceptarse a uno mismo es una invitación al conformismo o a la resignación: «¡Qué le vamos a hacer!, yo soy así —con mis circunstancias—, no hay nada que hacer». No, no va por ahí.

Ese conocimiento es importante porque es el punto de partida. La frase de «yo y mi circunstancia» no significa que las propias circunstancias sean siempre inamovibles, ni que mi respuesta deba ser el conformismo. Ante algunas circunstancias, se pueden poner determinados medios para que cambien; lógicamente, lo que es cambiable o mejorable, hay que procurarlo. Lo que no tendría sentido es ansiar un cambio que no es posible. Uno tiene que distinguir entre lo que puede ser cambiado y lo que no, poniendo medios en lo primero y aceptando —dejando como está— lo segundo.

En cualquier caso, conocerse a sí mismo es el mejor antídoto contra dos grandes peligros: el conformismo y la ensoñación. Cuando uno se conoce a sí mismo, puede soñar y perseguir sus sueños para tratar de hacerlos realidad. No tendría sentido cortarse las alas que a uno le podrían permitir volar alto, ni renunciar a sueños y aspiraciones grandes que uno pueda tener en la vida. Esos sueños e ilusiones, respaldados por el conocimiento propio y un sano discernimiento, son un gran estímulo para el crecimiento personal. Mi percepción, confirmada por la experiencia personal y ajena, es que uno puede llegar mucho más lejos de lo que cree. Para ello, hay que romper el techo de una falsa modestia que resulta bastante común, sobre todo entre la gente joven. Es muy bueno soñar e ilusionarse. Percibir la existencia de una atracción, constatar que la propia sensibilidad se adhiere hacia algo, permite que la decisión no sea un puro acto de voluntarismo, de la voluntad, sino un acto que afecta e implica a toda la persona, incluyendo la razón, el corazón y la voluntad. Por tanto, el conocimiento de uno mismo y la aceptación no deben llevar a la resignación, sino al asombro, a la admiración y, sobre todo, al agradecimiento, aspecto fundamental en toda vida lograda. Una persona que no es agradecida, que no tiene una disposición interior de profundo agradecimiento por todo lo que ha recibido en la vida, difícilmente podrá ser feliz. Ese ejercicio —ese conocimiento que lleva a la aceptación, al asombro, al agradecimiento— es el que permite anclarse —o anclar la propia vida— a la realidad.

Contribución de los demás al conocimiento propio

El conocimiento propio es algo que dura toda la vida y no tendría sentido que, llegado un momento, alguien pensara que se conoce perfectamente. No, nadie se conoce a sí mismo perfectamente; uno se va conociendo más, pero no se conoce perfectamente. Al mismo tiempo, hay que ir contrastando ese supuesto conocimiento con la realidad. Yo puedo creer una cosa de mí mismo, pero luego tengo que ver cuál es el impacto de lo que hago o digo en mi entorno. Eso es muy importante: tener un mínimo de sensibilidad al *feedback* que uno va recibiendo a fin de confirmar o desmentir el supuesto conocimiento propio. Además, es una tarea que nunca termina, pero que no es solitaria: si uno tuviera que conocerse a sí mismo en solitario, tendría muchas limitaciones porque uno no tiene ojos en el cogote, y uno es mal juez en causa propia. Para conocerse uno mismo, no es suficiente el esfuerzo que uno pone por irse conociendo, sino que cuenta con la perspectiva de aquellas personas que le conocen y le quieren. De ahí la importancia del círculo familiar y de amistad. Tener amigos en los que uno realmente confía y saber que te dicen las cosas como ellos las ven (aunque en ocasiones puedan equivocarse —porque nadie es inmune al error—), contar con un referente externo, ajeno a mí, que, desde fuera, me dice cuál es su percepción de mi vida o de mi conducta, resulta de gran ayuda. Quien tiene más amigos y dialoga con ellos, es más fácil que pueda recibir ese *feedback*, esa ayuda. Encontrar un amigo de esas características no es fácil, pero es un tesoro y conviene cultivar y cuidar esa relación de amistad. Lo que caracteriza la amistad es esa capacidad de poder decir la verdad al amigo, quien a su vez la recibe con el agradecimiento de quien tiene el convencimiento de que esa verdad ha sido dicha buscando lo mejor para él, no para herir ni ofender. «Quien te quiere te hará sufrir», reza el dicho. Cuando alguien te importa, estás dispuesto a hacerle pasar un mal rato con tal de que eso le ayude a mejorar, y creo que esto es un signo claro de sincero afecto o de amistad. Por tanto, esa expresión contiene, en el marco familiar y de la amistad, una gran verdad.

Si en algunos casos uno constata que tiene pensamientos un tanto recurrentes, o que se le hace particularmente difícil gestionar la realidad, las circunstancias que le rodean, enjuiciándolas de un modo muy negativo y produciéndole una situación de angustia o ansiedad, quizá pueda resultar oportuno recurrir a la ayuda de un profesional. A veces puede convenir el apoyo de un profesional, y no hay que verlo como algo negativo, sino como un medio más para crecer y madurar; si uno acude a muchos profesionales en busca de ayuda por cuestiones de menor relevancia, con mayor razón convendrá recurrir a un buen psicólogo o psiquiatra si fuera oportuno.

No quiero ser negativo, pero constato que la gente joven de hoy sufre más que los jóvenes de hace una o dos décadas. Sigo viendo en los estudiantes una gran capacidad e ilusión por vivir y realizar sus sueños. Me maravilla verlos actuar: su afán de saber, su curiosidad, su diligencia y capacidad de trabajar. Es algo que constato todos los años y días que voy a la Facultad. Percibo, sin embargo, que muchos viven con una presión excesiva, incluso aquellos que son responsables y que quieren hacer algo en la vida y que están más concienciados de aprovechar el tiempo, de no dejar escapar los trenes. Percibo en ellos trepidación interior, nerviosismo, inseguridad y miedos, demasiado miedo. Todo eso hierve en su interior, muchas veces no tienen con quién hablarlo, y se les ve sufrir. Como digo, a veces, pueden no tener con quién hablarlo, o lo han hablado con alguien que no puede ofrecerles la ayuda que necesitan. Esa carga o tensión interior es algo que uno puede percatarse sin que te lo digan, aunque alguna vez te lo cuentan porque ya no pueden más o porque buscan una palabra de ánimo o consuelo. Se percibe en su modo de actuar, de conversar, de relacionarse, también cuando acuden a mi despacho para plantearme alguna cuestión o entregarme algún ejercicio o trabajo.

Los factores, causas y razones son múltiples, pero creo que este problema se ha agudizado en ese mundo en el que todo va cada vez más rápido y cambiante, y cada vez es más complicado y difícil entender qué le pasa a la sociedad, y el peligro es ser cada vez más superficiales. El mundo virtual ha acentuado esa tendencia. Noto en la gente más joven, a partir de los dieciocho y a lo largo de la década de los veinte, que las redes sociales les han afectado negativamente y tienden a sufrir más. Pueden salir adelante, pero necesitan liberarse de todo eso que les impide vivir en paz, sin tantos miedos y temores que les aprisionan y maniatan. No funciona vivir como si esas tensiones, presiones o heridas no existieran. Hay que afrontarlas. De lo contrario, el paso del tiempo no las resuelve, sino que se hacen más presentes, nos van minando y desgastando mucho más porque, por mucho que uno pretenda vivir como si esa parte de la realidad no existiera, lo cierto es que sí existe. Con el paso del tiempo se va teniendo una mochila cargadita, pero eso no significa que no se tenga que tener proyectos e ilusiones. Eso es fundamental. Además, a veces convendrá descargar algunas partes de esa mochila. En ocasiones llevamos algunos pesos muertos que uno debe descargar, y cada uno tiene que ver qué pesos de la propia mochila son descargables y cuáles no.

Aceptarse, perdonarse y amarse a uno mismo

En cualquier caso, sólo en la realidad —no huyendo de ella— puedo ser feliz. Por tanto, hay que procurar moverse dentro de ella, y ahí con total libertad, pero siempre dentro de la realidad, no en la quimera ni en la ensoñación ni, por supuesto, en la falsedad ni en la mentira. La primera gran dificultad para vivir tranquila y felizmente, el principal obstáculo que yo he experimentado en algunos momentos en mi vida personal, y a veces en la de los demás, es la falta de aceptación de uno mismo. No sólo hay que conocerse y aceptarse, sino que también hay que amarse y, sobre todo, perdonarse a uno mismo. Este punto es clave. Hay personas que no se aceptan porque son incapaces de perdonarse a sí mismas: esto les impide estar en paz consigo mismas y afecta enormemente su relación con los demás. En ocasiones, tienen más dificultad en perdonar a los demás aquellas personas que, en el fondo, son incapaces de perdonarse a sí mismas, y terminan tratando a los demás con la misma dureza con que se tratan a sí mismas.

La falta de aceptación de uno mismo entendido en el sentido general de Ortega y Gasset —«yo y mi circunstancia»: no soy yo, sino yo y la gente que me rodea, el mundo en el que vivo, mi vecindario, mi pueblo, mi país—, generalmente originan dos gérmenes de difícil manejo: la desconfianza y la inseguridad. Y cuando en el corazón, en el alma o en el espíritu de alguien se introducen y anidan esos gérmenes (desconfianza e inseguridad), la reacción es tratar de compensar —aunque no sea posible— o paliar sus efectos con la aceptación y la estima de los demás. Algunas personas no terminan de aceptarse porque optan por supeditar su vida entera a satisfacer las expectativas de los demás, renunciando a ser ellas mismas. Craso error. Uno debe de respetar a los demás, ayudarles en lo posible, pero sin renunciar a ser quien es. Otras personas sienten la imperiosa necesidad de colmar la falta de aceptación de sí mismas con la de los demás, yendo por la vida mendigando la aceptación y la estima de los demás, porque no se han aceptado a sí mismas como son; y necesitan que los demás les acepten, no como realmente son —porque no se aceptan a sí mismas como son, sintiendo quizá incluso rechazo, repulsión u odio—, sino como aparentan ser en sus relaciones con los demás. Esto se hace a un alto coste, a un coste elevadísimo, y este coste pasa por dejar de ser ellas mismas, presentando una imagen falseada del propio yo e instalarse, de algún modo, en la apariencia, en la imagen, en el quedar bien; en definitiva, vivir fuera de la realidad. Por eso, como se ha dicho, la realidad virtual engancha a millones de personas.

¿Cómo evitar ese peligro tan presente en una sociedad que tanto valora el postureo y el quedar bien? No es malo procurar quedar bien, pero no a cualquier coste, y menos renunciado a uno mismo. Una cosa es quedar bien y otra bien distinta es vivir fundamentalmente por quedar bien. Es bueno procurar ser agradable o grato a los demás, pero no vivir de eso, no querer contentar a todo el mundo. Muchos políticos pretenden hacer esto, contentar a todo el mundo. Nunca he entendido aquellos políticos que afirman que nadie va a quedar decepcionado con ellos. No sé cómo lo harán, porque esto no es posible. Sencillamente buscan quedar bien con todos. ¿Cómo evitar ese peligro tan presente en la sociedad? Un modo de expresarlo —quizá ingenuo, pero gráfico y fácilmente comprensible— sería el de ponerse ante el espejo. Voy a decirlo de un modo más directo: ponte ante el espejo, mírate, reconoce y acepta quien eres, con tus luces y tus sombras —porque no eres todo luz ni todo sombra—, y empieza a construir desde ahí.

La vida de cada persona tiene sombras: dificultades, debilidades, flojedades o malas experiencias. Todo eso que, aparentemente, puede parecer negativo —«eso prefiero ni pensarlo»—, nos ayuda a ser mejores sólo si es reconocido y aceptado como es. Ejercicio nada sencillo, nada fácil, pero absolutamente necesario. De lo contrario, nos pasamos la vida lamentándonos de cómo están las cosas, de cómo estamos nosotros mismos, aparentando —como antes se ha dicho—, angustiados, con ansiedad a veces patológica y, en definitiva, huyendo de nosotros mismos. Huir de uno mismo es el camino opuesto a la libertad y a la felicidad, es lo peor que podemos hacer, lo que más nos aleja de la plenitud que anhela todo ser humano.

Por tanto, lo primero para ser feliz no es preguntarse quién quiero llegar a ser, qué quiero hacer, a quién voy a amar en mi vida y cómo le voy a amar, que son grandes preguntas, sin duda. Lo primero, a mi modo de ver, es: ¿quién soy yo?, ¿cómo soy yo?, ¿quién ha hecho algo en mí?, ¿qué me ha venido dado —familia, país, cultura?—. Y respecto al amor —antes de plantearse a quién voy a amar y cómo amarle—, hay que hacer memoria y preguntarse qué amor he recibido yo y de quién he recibido ese amor. Conviene aceptar las respuestas que surjan de esas preguntas: acéptalo y acéptate, porque incluso aquellas cosas que aparentemente pueden ser —o parecer— negativas, pueden ser fuente de gran crecimiento. Las crisis, las limitaciones, los obstáculos, si son aceptados y bien llevados, suelen ser fuente de gran crecimiento y nos pueden hacer llegar a donde nunca hubiéramos ni siquiera imaginado. Y además de aceptarlo, conviene agradecerlo, incluyendo también las propias limitaciones, sombras y debilidades. Esto es realismo.

La importancia del agradecimiento

Cabría afirmar que la felicidad humana es comparable a la belleza de una obra pictórica cuyo trasfondo es el agradecimiento. Ser agradecido implica y genera muchas cosas buenas, y ahuyenta otras muchas cosas o tendencias malas. Nos protege, por ejemplo, frente a dos tendencias de las que hay que huir y contra las que conviene inmunizarse.

La primera es la de posponer o hacer depender el esfuerzo por ser uno mismo, viviendo en libertad, de la ausencia de dificultades, defectos y problemas: «cuando no tenga esa enfermedad, esa dificultad o ese problema, entonces sí trataré de conocerme, aceptarme y quererme como soy». Esto es un error, es un planteamiento irreal porque nunca vas a tener una situación así. Hay que vivir en la realidad.

La segunda tendencia perversa es la de ansiar ser lo que no se es, lo que no se puede ser y lo que no se puede llegar a ser. Un ejemplo personal: yo soy de letras; a mí la física cuántica me supera completamente, luego jamás podría llegar a ser profesor universitario de física cuántica. Es mejor que lo acepte y viva tranquilo, sin anhelar algo que no puedo alcanzar o cuyo intento produciría un desgaste excesivo, incompatible con la paz que requiere una vida plena. ¿Qué sentido tiene ansiar algo que está fuera de mi alcance? El motivo de estos deseos suele radicar en la falta de conocimiento y de aceptación de uno mismo. Cuando uno se conoce y se acepta, no ansía ser lo que no se es y no se puede ser, ni tener lo que no se tiene y no se puede llegar a tener. En esta línea, el agradecimiento suele ser el mejor signo de que uno está en la realidad, de que se conoce y se acepta tal como es, y de que cuenta con una buena base —o punto de partida— para tener una vida plena, viviendo en libertad y sin miedo a ser uno mismo.

Los peligros de vivir fuera de la realidad

La realidad es la vacuna más poderosa contra varios virus que nos acechan a lo largo de nuestras vidas. Me limito ahora tan sólo a enumerar y describir brevemente algunos de ellos:

— La insensibilidad para percibir lo que los demás hacen por nosotros. A veces uno puede pensar que los demás hacen poco y que uno hace mucho por ellos. En alguna ocasión puede ser cierto, pero hay que adquirir una mayor sensibilidad: a menudo nos cuesta mucho reconocer lo que los demás hacen por nosotros y siempre nos parece poco. Con demasiada facilidad damos por supuesto lo que los demás hacen por nosotros y esto nos impide valorarlo y agradecerlo como deberíamos. Por el contrario, hay personas que reaccionan muy positivamente y con notable gratitud ante cualquier pequeño gesto o servicio: «¡Qué maravilla esa persona!, me ha hecho ese favor». Aunque haya sido algo pequeño, les ha parecido algo grande.

— La falta de amabilidad. Es el peligro de volverse insensible, mostrándose generalmente insatisfecho ante los gestos de afecto o de servicio de los demás.

— Dos tendencias extremas: 1.ª renunciar a tomar decisiones que me permitirían mejorar: «no quiero tomar esas decisiones porque entonces me voy a dar cuenta de mi limitación y me voy a frustrar; y como no quiero frustrarme, prefiero no plantearme nada y me quedo como estoy»; y 2.ª aspirar a proyectos que nos sobrepasan por completo.

— Los miedos y las inseguridades. Existen múltiples formas: el miedo a equivocarse, el miedo a fracasar, el miedo a quedar mal, el miedo a defraudar a la gente que tenemos a nuestro alrededor; uno vive preso por esos miedos y por esas inseguridades.

— Vivir pretendiendo «demostrar» quién se es, en vez de mostrarse tal como se es. Pretender «demostrar ser alguien» o, sencillamente, «mostrarse tal como se es», es radicalmente distinto; éste vive en la realidad, aquél confunde la realidad con sus deseos o con la imagen que se ha formado de sí mismo.

— Anhelar lo grande y lo global, descuidando lo pequeño y lo local, lo cercano y lo concreto. De ahí el peligro de internet y las redes sociales. Pueden ser de ayuda para la adquisición de información o conocimiento, pero si uno se mete excesivamente en el mundo virtual, puede llegar a pensar que su valía se corresponde con los *likes* recibidos por un comentario o una foto recién subida en una red social.

¿Quién soy yo?, ¿cómo soy? Conócete a ti mismo. ¿Qué he recibido y sigo recibiendo, y de quién he recibido y sigo recibiendo? Reconócelo, acéptate, sé agradecido con todos siempre, incluso con aquellas personas que quizá en algún momento de tu vida te hayan podido perjudicar—con independencia de su posible intención, más o menos recta (conviene salvar siempre la intención de los demás; de lo contrario, uno se hace daño a sí mismo)—, porque incluso esas dificultades nos pueden ayudar a crecer, a ser mejores personas.

Reconocer las propias fortalezas y debilidades

Como se ha dicho, para conocerse uno mismo, hay que mirarse al espejo y tratar de reconocer las fortalezas y debilidades. ¿Qué son las fortalezas y qué son las debilidades, y cuál es el mejor modo de reconocerlas?

Una debilidad podría ser aquel aspecto de vida personal en la que uno observa que difícilmente lleva a cabo aquello que cree que debería hacer. Uno cree que debería de hacer algo bueno, pero no es capaz de hacerlo, le cuesta mucho hacerlo y a veces termina no haciéndolo, o viceversa, haciendo lo que en realidad no se quiere hacer. No querer hacer algo y terminar haciéndolo, o su contrario, querer hacerlo y no hacerlo, son muestras de la propia debilidad. Es una debilidad porque, en el fondo, manifiesta una carencia de auténtica libertad. Querer hacer algo porque es bueno y llevarlo a cabo refleja un notable grado de libertad o autodeterminación. Creer o pensar en conciencia que algo es bueno y sería lo correcto hacer (o dejar de hacer), y no ser capaz de acometerlo por el esfuerzo que exige, manifiesta una carencia de libertad que viene a dificultar el crecimiento personal y el camino hacia la plenitud que todo ser humano anhela.

En un aula de la universidad, por ejemplo, cada uno es distinto. A alguien le costará solo un poquito ponerse a estudiar en casa después de comer. A partir de las 16:00 h a una persona le costará empezar a estudiar relativamente y a otra mucho. Éste tendrá ahí una debilidad porque le cuesta hacer lo que en realidad ha decidido hacer. Lo cual no significa que no sea superable, sencillamente tiene que saberlo y ser consciente de ello para poder afrontarlo de un modo distinto a aquella otra persona que quizá apenas le cuesta. Es bueno ser consciente de los propios puntos débiles, no para perder la paz, sino para gestionarlos del mejor modo posible, y así ir ganando terreno a una libertad real y efectiva.

Afrontar la realidad de lo que viene dado

No es fácil afrontar lo que nos viene dado —aceptar la realidad— o conocer esos «virus» para intentar ser feliz dentro de la realidad. Para aceptar la realidad, lo primero es conocerla y el conocimiento se activa —como se ha dicho— por tres vías: la observación o contemplación, la reflexión y el diálogo. El principal obstáculo actual es que vivimos en una sociedad muy ruidosa, en constante movimiento, en constante cambio. Parece que lo único importante es lo que pasa aquí y ahora, y esto dificulta algo muy esencial como es el encontrarse con uno mismo y salvaguardar las condiciones que permitan contemplar, reflexionar y dialogar.

En una entrevista que le hicieron a Alaska —hace ya muchos años— le preguntaron: «Oiga, ¿usted se ha parado a pensar?». Y contestó: «Sí, una vez el otro día; al principio fue muy difícil y al final era aburridísimo. Tomé la decisión de no hacerlo nunca más». Estoy seguro de que no pensará así actualmente, pero a muchos —quizá, en parte a todos— nos pasa eso: nos cuesta mucho pararnos y pensar. A mí me pasa. A mí, me cuesta prepararme un texto como este. Me da un poco de vergüenza explicarles cómo preparé su estructura fundamental. Sabía, desde antes de verano, que tenía que preparar este tema y me dije: «¿cómo y cuándo lo podría preparar? Tendría que hacerlo con antelación, en agosto, porque, de lo contrario, la dinámica del día a día a partir de septiembre me resultará más complicado. Entonces, tomé unas cuartillas y las dejé encima de una mesa como recordatorio. Pasé un mes fuera, en el extranjero, en una estancia de investigación, y en la sala de estar de mi apartamento tenía esas hojas con los títulos de tres partes —equivalentes a los tres primeros capítulos—. Iban pasando los días y no lo hacía. Poco antes de regresar a España, pensé: «Tengo que prepararlo porque resulta ya un tanto vergonzoso que tenga esto aquí como recordatorio y no esté haciendo nada». Una tarde, antes de irme, empecé y preparé una pequeña parte del primer capítulo. Entonces tomé la decisión de terminarlo en el viaje de regreso, en un vuelo de avión. ¿Por qué? Porque ahí estaba y pensé: «Aquí no tengo ya escapatoria: no puedo salir ni ir a ninguna parte; tengo que preparar esto, con la hoja delante». Y eso hice. ¿Por qué me costó tanto? Porque su preparación me exigía pensar, no se trataba de una actividad mecánica, sino de un esfuerzo intelectual, y esto es siempre algo costoso.

A todos nos cuesta pararnos a pensar. Como se ha podido ver, también a mí —que me dedico a pensar— me cuesta pararme a pensar. Me resulta más fácil hacer una llamada telefónica o una gestión puntual, que escribir algo o hacer un esquema que me exija un esfuerzo intelectual. Pararse a pensar cuesta más y yo creo que este es el principal obstáculo. Esto no significa que cuando logramos parar para pensar siempre acertemos; a veces nos paramos a pensar y no acertamos, nos podemos equivocar. Sin embargo, soy de aquellos que piensan que es mejor pensar y equivocarse que acertar sin haber pensado. Otros piensan que es preferible no pensar para así no poder equivocarse. Es un error: usted piense y equivóquese, y eso le servirá para crecer y mejorar.

Respecto a si la aceptación de la realidad podría implicar conformarse con ella. Efectivamente, la realidad puede ser muy distinta según uno haya nacido en un sitio o en otro, y no hace falta pensar en el tercer mundo o en países en vías de desarrollo. Incluso en una misma ciudad, vivir en una u otra calle, en un barrio o en otro, puede ser muy distinto. Acomodarse a la realidad puede dificultar el crecimiento, pero de entrada conviene conocerla porque ese conocimiento puede ser determinante —y esto forma parte del contenido del segundo capítulo— a la hora de decidir el tipo de proyecto personal que quiero desplegar a fin de cambiar o mejorar un poco esa realidad.

Tomar decisiones por uno mismo

¿Es posible tomar decisiones por uno mismo? Hay momentos en la vida de las personas en los que alguien puede influirte muy positivamente. Yo tuve un profesor de Filosofía en 3.º BUP que me ayudó muchísimo. Algunas conversaciones que tuve con él me abrieron la mente. Algunos libros que me recomendó me ayudaron bastante. Cuando alguien procura disponer de tiempos de silencio que le permitan leer y reflexionar, y fomenta el diálogo con los demás, sobre todo con aquellas personas cuya conversación estimula el pensamiento, lo que se lleva dentro y conviene sacar o expresar, todo eso puede contribuir enormemente a su proceso de maduración; y puede llegar un punto en el que se haya aprendido a pensar y a tomar decisiones por uno mismo.

Es verdad que hay gente cuya forma de ser pueda facilitar ese proceso, pero, lejos de caer en el determinismo —o conformismo— de pensar «soy así y no puedo cambiar», lo decisivo es la actitud y determinación personales. En mi caso, a mí algunas conversaciones y lecturas me marcaron, pero el efectivo cambio de rumbo dependió de lo que yo decidí y estuve dispuesto hacer desde entonces. Una conversación o un buen texto pueden ayudar mucho, pero el alcance del cambio depende de lo que después decide uno hacer con su vida. Nadie nace maduro. Si alguno percibe una mayor predisposición hacia esa madurez, bueno será reconocerlo y ser agradecido; el resto, quienes no nacimos con esa predisposición y hemos procurado madurar a fuerza de mayor esfuerzo, y con la ayuda de algunas lecturas o conversaciones, también debemos reconocerlo, aceptarlo y sentirnos agradecidos.

Dando una conferencia sobre esta cuestión, recuerdo que una persona me mostró su preocupación por un hecho, quizá porque lo había experimentado —a su parecer, quizá más bien sufrido—: el de la influencia que sobre las personas más jóvenes tienen ciertos familiares o ciertas personas que ostentan ascendencia sobre ellas. Y me preguntó a qué edad entendía yo que una persona es lo suficientemente madura como para poder decirse que ya es ella misma, es decir, que ha logrado desprenderse de las influencias excesivas de ciertas personas que la rodean. No es una cuestión de fácil respuesta. Y no lo es porque uno podría pensar que ha conseguido desprenderse del influjo de sus padres o de un familiar, sin reparar que, en realidad, se ha adherido a otras ideas como consecuencia de otras influencias, probablemente recibidas más tarde, sin haberlas contrastado suficientemente, máxime si se trata de una persona que está «excesivamente segura» de sus ideas y quizá se muestra poco tolerante con quienes no piensan como ella.

Si se acude a Kant, a su obra *Respuesta a la pregunta: ¿Qué es Ilustración?*, escrita a finales del siglo XVIII, en 1784, se puede apreciar cómo la madurez se da, a su juicio, cuando uno es capaz de pensar por sí mismo. Mi impresión, mi percepción de la realidad es que, en una sociedad ruidosa, caracterizada por una actividad frenética, con tanta gente volcada e invirtiendo tanto tiempo en las redes sociales, se está retrasando o retardando el proceso de maduración de las personas. Llevo veinticinco años en la universidad y sigo constatando el mismo anhelo o fondo positivo en todos los estudiantes, pero, al mismo tiempo, observo una serie de dificultades y situaciones distintas a las de hace una o dos décadas. La rapidez con la que acontecen hoy los cambios hace que una década sea mucho, y llevarse tan sólo diez años de edad marca una distancia mucho mayor que en el pasado. Esto dificulta, en buena medida, ese proceso de maduración que, en definitiva, consiste en adquirir la capacidad y el hábito de pensar por uno mismo. Siento no poder dar —o aventurar— una edad concreta, pues dependerá de lo que le venga dado a cada persona, de sus circunstancias y, lógicamente, de lo que ponga de su parte.

LO QUE QUIERO LLEGAR A SER: PROYECTO PERSONAL Y RELACIONES HUMANAS | 2

Como se ha visto, para ser feliz hay que partir y anclarse en la realidad. Esa es la idea más reiterada a lo largo del capítulo anterior. Para aferrarse a la realidad, el conocimiento propio es clave. Ese conocimiento propio es el punto de partida para poderse aceptar —uno debe aceptarse como es— y ser capaz de reconocer todo lo que nos viene dado, lo que hemos recibido, lo que los demás han hecho —y siguen haciendo— por nosotros: el amor que nos ha sido donado, en definitiva. Eso nos lleva al agradecimiento, a un sentimiento interior de gratitud que no es un cumplido, sino algo interior, sentido y profundo. La aceptación es la base para otras actividades como perdonarse y amarse a uno mismo (y a los demás). Es muy difícil —por no decir, imposible— perdonarse y amarse a uno mismo si uno no se acepta a sí mismo, con sus luces y sombras. Por tanto, sin conocerse, aceptarse, perdonarse, amarse y sin ser agradecido, no es posible ser feliz.

De ahí que lo primero para transitar hacia una vida plena o lograda, no es hacer, dar y amar, sino adquirir la sensibilidad necesaria para valorar y agradecer lo que han hecho por mí, lo que me han dado, lo que me han amado. Ese conocimiento, esa aceptación agradecida nos ancla en la realidad porque —como se ha dicho— sólo en la realidad se puede ser feliz, no en la ignorancia, en la apariencia, en la falsedad y, mucho menos, en la mentira. Por tanto, el reconocimiento de la realidad, de lo que yo soy —«yo y mi circunstancia», en palabras de Ortega y Gasset—, es lo primero. Como se dijo, no conviene confundir la aceptación de la realidad con el conformismo.

Lo que cada uno puede hacer con lo que le viene dado: cómo decidir qué hacer con la propia vida

Sobre la base de esa realidad que aceptamos, se puede trabajar mucho. Y aquí empieza propiamente el objeto del presente capítulo, continuación del primero. Llegados a este punto, cabe preguntarse: ¿qué puedo hacer yo con lo que me viene dado?, ¿hasta qué punto uno puede en su vida desarrollar o sobreponerse a lo que ha recibido o le ha venido dado? Es sobre la base del conocimiento y aceptación agradecida de lo recibido, donde se puede —y debe— construir un edificio bello y útil que permita el crecimiento o desarrollo personal, así como el de los demás. De ahí el título del capítulo: «Lo que quiero llegar a ser: proyecto personal y relaciones humanas».

Siguiendo con la metáfora del edificio, conviene tener presente su carácter único e irrepetible, al igual que cada persona es única e irrepetible. No existen dos personas iguales o idénticas. En este sentido, el alcance, la originalidad y las dimensiones de ese edificio dependen, en buena medida —no completamente, pero sí en buena parte— de lo que uno decida. Por tanto, aunque aquí la perspectiva sea completamente distinta a la del primer capítulo, conviene no olvidar su contenido porque sigue siendo clave. Tratar de realizar el proyecto personal perdiendo de vista el anclaje en la realidad, es decir, la importancia de aceptar lo que a uno le viene dado, supondría empezar a construir un edificio sin haber asegurado sus fundamentos. De hecho, a la hora de decidir qué tipo de edificio quiero construir, qué voy a hacer de mi vida, el conocimiento propio es clave e imprescindible, porque uno no puede decidir todo, debe partir siempre de la realidad: de lo que uno es y de cómo es, con sus particulares capacidades, aptitudes y actitudes. De ahí la importancia de conocerse y auscultarse a uno mismo, también para saber qué puede hacerse y qué no puede hacerse (o no conviene hacer). Se trata de una labor de reflexión, de ponderación, de discernimiento personal.

Ahí aparece uno de los mencionados virus que, situado en un extremo, lleva a no tomar decisiones por el miedo a poder fallar: «Como no sé, al tomar una decisión, si voy a acertar o no, quizá es preferible que me quede como esté; mejor no tomar ninguna decisión, no sea que me salga mal y la gente de mi entorno pueda decir de mí que no he sabido llevar a cabo lo que me había propuesto; es mejor no proponerme nada».

Con respecto a las capacidades y actitudes, conviene advertir que generalmente suelen ser mayores y mejores de lo que uno cree. En efecto, cuando uno tiene un buen proyecto, es más fácil lograr sacar de sí su mejor yo. Esta no es una frase bonita de libros de autoayuda («sacar de sí la mejor versión de uno mismo», «ser uno mismo»), es completamente real. Cuando uno encuentra en la vida un proyecto por el que merece la pena esforzarse y empieza a pasar por encima de dificultades, obstáculos, contrariedades, sinsabores y dolores, constata que, en efecto, ha logrado romper el techo —autoimpuesto por uno mismo o sugestionado por algún familiar o persona cercana— y superado las supuestas limitaciones de las propias capacidades y actitudes. La motivación, la ilusión y los sueños son claves para el crecimiento personal. No se trata, por tanto, de una frase bonita: esto es tan cierto como la vida misma. Una capacidad mínima de observación de la realidad, de las personas que uno ha conocido con el paso del tiempo, es más que suficiente para percatarse de esa verdad.

A veces cuento a mis estudiantes, como anécdota personal —cosa de la que procuro no abusar, pero alguna vez sí hago— que esto me pasó a mí en un aspecto del proyecto personal, en mi vocación profesional. Al terminar la carrera de Derecho y plantearme a qué podía dedicarme, hablé con algunos profesores. No lo tenía claro, la verdad; tenía varias opciones y el problema era que me gustaban demasiadas cosas. Una vez quedé con una persona de la que recuerdo su rostro y nombre, pero poco más porque no la he vuelto a ver en toda mi vida, pese a la huella que dejó en ella. Paseando me preguntó a qué quería dedicarme, quizá porque estaba a punto de iniciar el último curso de Derecho. Yo le conté sobre varias posibilidades que estaba barajando, y recuerdo que, en cierto momento, se paró y me dijo: «Tú me has dicho varias cosas que te gustan, pero realmente, ¿qué es lo que más te gusta?, ¿qué es lo que te chifla?, ¿cuál sería tu sueño?». No dudé un momento en responder: «A mí lo que me encantaría es ser profesor de universidad, pero creo, sinceramente, que es algo que me supera, que no doy la talla para esto, y por eso pienso que quizás sea mejor buscar otra opción más realista, y tener los pies en el suelo, tocar terreno firme». Él me corrigió con estas palabras: «Creo que estás equivocado; si eso es lo que te hace ilusión, si sientes que eso es lo que más te atrae, deberías proponértelo e intentarlo en serio; sólo cuando lo hayas intentado, poniendo todos los medios que están a tu alcance, si aquello no ha sido posible, si ese sueño no se ha podido hacer realidad, sólo entonces podrás abandonar esa idea, con tranquilidad de conciencia, y dedicarte a otra cosa, sin que te quede la espina clavada de que querías hacer algo y te faltaron agallas, audacia o valentía para intentarlo de verdad». A mí ese consejo me sirvió y creo que, en parte, gracias a ese consejo me dediqué a lo que me dedico, y estoy muy agradecido a esa persona por esas palabras y ese consejo.

El proyecto vital o personal

Al sustantivo «proyecto» conviene ponerle el adjetivo «personal» porque, en el fondo, se trata de un proyecto que acompaña toda la vida. Al igual que uno no puede dejar de ser persona, el proyecto dura toda la vida, «vital», algo permanente hasta el final. Veamos ahora en qué consiste ese proyecto, en qué medida es o no deseable tenerlo; y en caso de serlo, si es o no es posible realizarlo; y si lo es, en qué condiciones. Esa es la estructura de este capítulo.

El proyecto personal es aquel objetivo, destino o camino que da sentido a la propia vida. El proyecto personal se refiere a algo cuya fuerza atractiva impulsa de tal modo al sujeto, que hace que esté dispuesto a esforzarse y a renunciar a otras cosas valiosas pero secundarias; es ese algo que, tirando con fuerza de uno mismo (a veces, de un modo más o menos apasionado), proporciona continuidad, coherencia, consistencia a lo que uno hace en cualquier momento porque, en realidad, no hay momento ni quehacer que estén desvinculados o desconectados de ese proyecto. *El proyecto personal es, en definitiva, aquello que quiero llegar a ser* —de ahí el título de este capítulo —, aquello que quiero hacer de mí, lo que da sentido a mi vida, mi contribución a la sociedad y al mundo, aquello con lo que me identifico tanto —como si formara parte de mi ADN— que ya forma parte de mí y al mismo tiempo es visto como misión. En palabras de Zubiri, «uno no tiene una misión, sino que es misión», la misión de llegar a ser lo que me siento llamado. El proyecto personal es aquello que permite —a uno mismo y a los demás— crecer y mejorar como persona, aquello sin lo cual la propia vida quedaría sustancialmente mermada o empobrecida. Uno recibe una herencia (lo que le viene dado) y libremente lleva a cabo un proyecto cuya realización no sólo beneficia a uno mismo, sino a los demás, la propia familia, la ciudad, el país, el mundo. Uno recibe una herencia y deja un legado a la posteridad.

La misión a la que uno se siente llamado es precisamente lo que confiere sentido a la vida. Si resulta que lo que yo puedo hacer, lo puede hacer cualquiera, entonces ¿qué más da que yo decida hacer una cosa u otra? La persona no es funcional e intercambiable, sino única e irrepetible; y esto me permite hacer las cosas en un sitio, en un momento y de un modo que nadie más puede hacer, esto da sentido a la propia vida, que es vista como llamada a realizar una misión. Esa llamada o vocación no afecta sólo a lo profesional (vocación profesional), sino a todos los ámbitos de la persona (vocación humana). Es lo que hace que uno sienta que «esto es lo mío», «aquí me encuentro a mí mismo», y además hace que uno se sienta atraído por eso, al igual que uno puede decir —medio en broma, medio en serio— que se casó con esa persona porque ella lo eligió y supo echarle el lazo.

Esto ocurre en otros ámbitos de la vida, como en la profesión. En ocasiones, es la profesión la que echa el lazo a una persona: uno se ha encontrado con aquella oportunidad, con aquellas aptitudes, aquellos contactos, incluso cuando la persona no ha puesto todos los medios que estaban a su alcance. Algo parecido sucede con la amistad: uno tiene un amigo porque se lo «encuentra», no por haberlo buscado y elegido; uno puede «hacerse» amigo de alguien que ya conoce, pero un buen amigo «se encuentra» sin merecerlo. Quien cultiva la capacidad de contemplación y de reflexión, llega a percibir que muchas veces no es él o ella quien ha hecho la elección, sino que ha habido una atracción previa que le ha hecho despertar y percatarse de que aquello es lo suyo, de que con esa persona puedo compartir toda mi vida, o de que esa otra será un gran amigo.

Conviene preguntarse: ¿Tengo yo un proyecto o una misión de este tipo? Como el tipo de proyecto que acabo de describir es bastante radical, cabe el peligro de conformarse con menos. En esta línea, quizá convenga empezar con una cuestión más básica: ¿Es deseable tener un proyecto tan radical?, ¿no sería mejor ser más flexible, cambiante o espontáneo, más acorde con las circunstancias cambiantes de la vida y de la sociedad? La flexibilidad, el cambio y la espontaneidad no sólo son compatibles con el proyecto personal, sino que en ocasiones son incluso convenientes o necesarios. Sin embargo, es incompatible con la actitud caprichosa de quien es incapaz de decidir hacer de su vida algo que merezca la pena, algo por lo que morir o «matar» —como reza el título de un capítulo del *Manual de ética para la vida moderna*—, algo que merece realmente la pena y por lo que estoy dispuesto a trabajar, a levantarme por la mañana con la ilusión de llevarlo a cabo, aunque sé que no lo voy a concluir ese día porque se trata de un quehacer para toda la vida.

Pienso que sí es deseable tener un proyecto de esas características porque una biografía —cada uno debe construir la suya, única e irrepetible—, para que tenga sentido, requiere de algo que le confiera textura y sustancia, algo que no cambie en medio de tanto movimiento, de tanta provisionalidad; algo que dé, en definitiva, consistencia a nuestra existencia, a nuestra vida. Por tanto, sí, es deseable.

Si es deseable, cabe pasar a la siguiente cuestión: ¿Es posible tener un proyecto personal, un proyecto vital de estas características? Porque no todo lo deseable es necesariamente posible. De hecho, algunas cosas muy deseables son del todo imposibles. Cierto. A mi juicio, no sólo es posible sino necesario, sobre todo si uno persigue o busca una vida plena o lograda, vivir en paz consigo mismo, en definitiva, ser feliz, pues en esto consiste la felicidad —más que en ir saltando de alegría todos los días—. Se trata de vivir con sentido, lo cual no es algo opcional si se quiere ser feliz. Esto significa: 1º) empeñar la propia vida en «algo que merezca la pena», y 2º) «yo pueda llevar a cabo». Estos son las dos condiciones o exigencias de posibilidad o viabilidad del proyecto personal: algo que realmente merezca la pena y que esté a mi alcance, es decir, que lo pueda llevar a cabo.

Cabría plantearse otra cuestión, relacionada con las dos anteriores: ¿Es posible un proyecto vital en una persona que desconoce a qué ha venido a este mundo? Saber por qué estoy aquí es una pregunta complicada de responder; no tendría sentido, por tanto, hacer depender la plenitud que confiere un proyecto personal de la respuesta a esa pregunta tan compleja. Tener una convicción a este respecto sin duda ayuda mucho, pero, como se ha dicho, uno debe tomar la mejor decisión teniendo en cuenta las propias circunstancias. La experiencia de sentirse amado y comprendido también puede ayudar: quien ha experimentado el amor, puede pensar que está aquí porque ha sido amado y, de un modo u otro, todos o muchos hemos tenido esa experiencia. Hace un tiempo, hablando con una persona, le pregunté por sus padres. Me respondió que su padre le había dejado y que su madre tenía una serie de dificultades que le impedían actuar como madre. Existen situaciones difíciles, que hacen que una persona carezca de la experiencia de ser fruto del amor, quizá porque no ha conocido ni a sus padres. Entiendo que una persona así pueda albergar un cierto resentimiento que le dificulte perdonar a sus padres, porque no tuvo una auténtica experiencia amorosa por su parte; pero le dije a mi amigo que sí hay algo que podía reconocer, y es que sus padres le habían dado lo más importante que podían darle, la vida, y ahí podía —y debía— agarrarse. Es cierto que esto no responde completamente la cuestión de por qué estoy aquí, pero sí en parte: estoy aquí porque ha habido dos personas que, de algún modo o a su modo, se querían. En cualquier caso, pienso que la experiencia del amor y del bien, puede ayudar a vislumbrar la belleza que entraña el compromiso moral de procurar hacer el bien y ayudar a los demás. Quizá cabría añadir, desde una perspectiva religiosa o cristiana, que uno existe porque ha sido expresamente amado y querido por Dios. Dios, que es Amor, no defrauda —ni puede defraudar—: y aunque uno no haya tenido una experiencia amorosa, no por eso deja de haber sido llamado a la vida por un designio amoroso. Eso puede sonar a algo muy teórico, pero tan sólo lo es para quien no lo ha experimentado o tocado en su propia vida.

1.º «Algo que merezca la pena»

¿Qué puede ser ese «algo que merezca la pena»? En toda vida humana hay tres opciones fundamentales. La primera —quizá debería ponerla en último lugar— es la de tratar de hacer el mal, hacer daño. ¿Quién va a tomar en su vida esa opción? Yo creo que, de entrada, nadie o casi nadie; otra cosa bien distinta es que alguien haga el mal pensando que hace bien (al menos para sí); de esto sí tenemos experiencia todos, al menos yo. La segunda es la de procurar no hacer daño a nadie. Esta es una opción importante, un principio fundamental, tanto del Derecho (*alterum non laedere*, «no causar daño a otro», como rezaba el Derecho romano)[1], como de la medicina desde sus orígenes hipocráticos (*primum non nocere*, «lo primero es no hacer daño»). No causar daño a nadie es la segunda opción. La tercera supone un paso más: consiste en procurar —de modo activo y positivo— hacer todo el bien que se pueda; cuanto más, mejor. El que uno «buenamente» pueda. A mí me gusta emplear y resaltar el adverbio «buenamente» porque no conviene agobiarse al tratar de hacer el bien, sino que uno hace lo que está a su alcance, con paz y serenidad. Hacer el bien es lo propio del amor, cuyo objeto es uno mismo y los demás. Quien no se ama sí mismo no puede amar a los demás. Tan erróneo es quererse tanto a uno mismo hasta el punto de sentir indiferencia hacia los demás, como volcarse tanto en ellos hasta el punto de no respetarse y cuidar de uno mismo. El amor a uno mismo sano, es autoestima; y lleva a hacer el bien y a quererse bien. Y el amor a los demás lleva a buscar activamente su bien. En definitiva, lo que merece la pena es amarse y amar, que en la práctica se traduce en hacer el bien y procurarlo también para los demás. Un proyecto merece la pena si gira alrededor del amor; de lo contrario, es muy posible que carezca de la fuerza necesaria para superar las dificultades de la vida.

El amor propio puede llegar a tirar mucho de una persona, permitiéndole llegar a hacer muchas cosas. En efec-

---

[1] DIGESTO, 1, 1, 10: «Iuris praeceptahaec sunt: honeste vivere, alterum non laedere, suumciuquetribuere» («Los preceptos del derecho son: vivir honestamente, no hacer daño a nadie y dar a cada uno lo que corresponde»).

to, se puede llegar muy lejos con la fuerza del amor propio, pero la fuerza es mayor si, al amor propio, se le añade el amor a los demás; por tanto, uno tiene que aprender a quererse y hacer el bien, que es un modo de crecer personalmente. Y con respecto a los demás, uno debe buscar su bien activamente, inteligentemente, positivamente. Lo que merece la pena es hacer el bien y procurarlo a los demás.

Por tanto, un proyecto personal que no pasa por hacer el bien, por lo que es bueno según la propia conciencia (porque nadie está en completa posesión de la verdad, del bien, de la belleza: se van descubriendo con el obrar práctico). Hay que buscar el propio proyecto como buenamente se pueda. En cualquier caso, un proyecto personal que no pasa por hacer el bien, por lo que uno cree que es lo bueno, y por hacer todo el bien que se pueda a los demás, carecería de algo fundamental. Por tanto, el proyecto personal implica una disposición de apertura hacia los demás. Está directamente relacionado con la familia, las amistades, los colegas, los vecinos, los ciudadanos, con todo ser humano. Tiene que ver con la capacidad de reconocer en el otro, no un enemigo —como algunos autores o filósofos han llegado a decir—, sino un reflejo del yo, reconocer el yo en el tú y el tú como parte del yo, sabiendo que el otro es distinto —no es una mera extensión del yo— y necesita un espacio existencial que hay que respetar.

Las relaciones humanas son un elemento clave para que un proyecto vital merezca la pena. De ahí que aparezcan explicitadas («relaciones humanas») en el título de este capítulo. El cuidado de las relaciones humanas o de las relaciones interpersonales es clave porque los demás son —o deberían de ser— una parte esencial. En una sociedad individualista como la actual cabría pensar que los demás son una molestia, un entorpecimiento, un estorbo, que nos hacen perder el tiempo. Aunque alguien pueda resultarnos inoportuno o molesto en un momento dado, ver a los demás desde esa perspectiva implica que hay algo en mi concepción de la vida, en mi proyecto personal que no está bien enfocado.

2.º «Que yo pueda llevar a cabo»

En relación al bien que uno puede llegar a hacer, quizá la pregunta clave sea la siguiente: ¿Qué puedo hacer yo en el sentido de hacer el bien que buenamente pueda, ayudando y contribuyendo al desarrollo de los demás, de mi familia, de mi país, del mundo? ¿Qué puedo hacer yo —teniendo en cuenta lo que tengo yo, lo que he recibido, lo que me ha venido dado—, de suerte que me permita aportar algo a la sociedad de modo único e irrepetible, porque realmente nadie podría hacerlo si yo no lo hiciera?

En efecto, los demás podrán hacer muchas cosas mejor que yo, pero probablemente no podrán hacer lo mismo porque eso solo puedo hacerlo yo. Como cada persona es única e irrepetible, aquí no cabe copiar ni pensar que otros lo pueden hacer mejor que yo. No. Mi contribución es única e irrepetible. Nadie puede emular ni plagiar tu proyecto, ni puedes pretender ser una copia de nadie. Por lo tanto, mi proyecto personal, o lo hago yo, o no lo va a hacer nadie. Cada vida humana es grandiosa y es imprescindible, aunque en ocasiones pueda parecernos que la nuestra resulte muy chata, anodina o irrelevante. Todos pensamos así de nuestra vida porque lo esencial de la vida humana es sencillo: nos levantamos por la mañana, hacemos lo que podemos, trabajamos, hablamos con los demás, etc. y nos puede parecer que nuestra vida es irrelevante. No es verdad que sea irrelevante: eso es falso; es valiosísima y necesaria. Es necesaria, no solo en tu familia, en tu trabajo, sino en tu país y en tu sociedad, en el mundo. Tu país y el mundo necesitan de ti. Esto no es una frase bonita y animante, sino una verdad radical cuyo esplendor irradia belleza y fuerza atractiva.

Dicho esto, volvamos a la pregunta: ¿Qué puedo llevar a cabo? A cada uno corresponde tratar de responder a esa decisiva cuestión, descubrir qué puede llevar a cabo, cuál puede ser su proyecto personal. En el primer capítulo recomendé ponerse delante de un espejo, pararse, pensar y mirar cómo eres, quién eres, aceptarlo, reconocerlo y agradecerlo. Aquí mi recomendación es la siguiente: párate y piensa por ti mismo, sobre tu personalidad, tu carácter, tus experiencias, tus actitudes, tus virtudes, tus competencias y, sobre todo, lo que te atrae, lo que te mueve, lo que te encantaría. En definitiva, en lo que te gustaría llegar a ser.

A veces, tenemos una visión negativa de las inclinaciones, como si estas fueran de por sí malas. Es verdad que el camino para alcanzar la felicidad no pasa por seguir todas las inclinaciones, pero una cosa es no seguirlas todas y otra bien distinta es pensar que las inclinaciones son malas de por sí. Algunas inclinaciones pueden dar pistas de hacia dónde puede ir nuestra vida, en qué podemos ayudar, en qué podemos ser buenos, cómo podemos contribuir. Por ahí va el proyecto personal y cada uno tiene que verlo. A este respecto puede servir recurrir a las fuentes o vías del conocimiento: la contemplación, la reflexión y el diálogo. Mi consejo es: piénsalo, háblalo con gente que te conoce y te quiere bien y, después de analizarlo, toma una decisión que será, probablemente, la más importante de tu vida.

Valentía y audacia para tomar una decisión

Para tomar esa decisión se requiere un poco de valentía y audacia. Valentía porque todo lo que merece la pena exige esfuerzo, y hacer realidad los propios sueños es costoso. Ese esfuerzo, al proyectarlo hacia el futuro, puede resultar abrumador, produciendo un efecto disuasorio en quien querría hacer realidad ese sueño, pero no con ese desgaste o a ese coste. Para eso hace falta la fortaleza y audacia o coraje porque la consecución de un sueño puede depender, además del esfuerzo personal, de factores que escapan al control de uno mismo, de suerte que, habiendo puesto todos los medios posibles, puede no salir bien. Por tanto, junto a la fortaleza, se requiere coraje. Hay que ser realista. Se requiere valentía y audacia para lanzarse, como quien emprende un viaje en barco. Zarpar es ya una muestra de valentía. Pero, como en todo viaje, pueden aparecer dificultades e imponderables imposibles de prever y controlar. Esto exige echar fuera —o gestionar, al menos— esos miedos: miedo a lo incierto, miedo al fracaso, miedo a fallar, y para eso hace falta coraje. Cabe aquí traer a colación el conocido texto de Kant *¿Qué es la Ilustración?*, donde se recogen los dos grandes obstáculos para lograr la madurez necesaria que permite pensar por uno mismo: la pereza y la cobardía. Para hacerles frente, hacen falta la diligencia, fortaleza y coraje.

Esa decisión dará sentido y consistencia a tu vida, estabilidad en los cambios y serenidad interior en los momentos de tribulación; te permitirá ser la misma persona, aunque buena parte de tus circunstancias puedan cambiar a lo largo del tiempo; te permitirá escribir tu propia biografía con un hilo que le dará continuidad y contribuir al desarrollo y mejora de los demás. ¿Es esto posible, sobre todo con el paso del tiempo? Esta es la gran cuestión del capítulo 3, donde se verá la conexión entre el proyecto personal y el tiempo, es decir, la realización personal —a través del propio proyecto— en el tiempo.

Superar el temor a equivocarse, fallar o defraudar

¿Es posible diseñar un proyecto supuestamente personal, pero que no sea realmente personal, sino impostado por la sociedad o el entorno? Esta cuestión está relacionada con el capítulo 1. El punto de partida es la realidad y ésta viene marcada por quién soy yo y cómo soy yo. Cuando a uno, en vez de explorar esa realidad, le resulta más cómodo plagiar o emular la vida de los demás, o intentar llevar a cabo lo que uno piensa que los demás quieren de él/ella o lo que el entorno le está diciendo que debería de hacer, entonces, si se toma una decisión sobre esa base errónea, no se acierta y uno no llega a buen puerto (o, mejor dicho, a su puerto). Esto puede suceder cuando uno no ha terminado de poner los medios para conocerse mejor a sí mismo —asignatura nada sencilla o fácil de aprender—, o ha sucumbido ante las presiones externas de aquellos que le dicen lo que tiene que hacer. «¿Cómo vas a estudiar Literatura o Historia del Arte? Tú deberían estudiar Economía porque necesitas ganar más dinero». No es extraño encontrar a estudiantes que no están haciendo la carrera que quieren, sino la marcada por el entorno familiar o social, y eso no es bueno ni suele acabar bien, aunque siempre hay excepciones, como aquella persona a la que obligaron a empezar a hacer voluntariado y gracias a ello descubrió las bondades del servicio desinteresado a los demás, a los más necesitados.

Hace un tiempo, al dar una conferencia sobre esta cuestión, una persona me planteó una cuestión que parecía ser autobiográfica: «Si uno decide no llevar a cabo su proyecto personal, ¿dejaría de ser fiel a su persona o a su propósito?». Le contesté, en primer lugar, que de nada sirve ponerse dramático. Y le recordé, a continuación, que conviene tener en cuenta dos cuestiones. La primera es que el hecho de que uno vea que lo suyo podría ser algo y que, por un motivo u otro, no haya podido tomar ese camino o llevarlo a cabo, no significa estar condenado a la infelicidad. Hay que procurar tomar la mejor decisión, dadas las circunstancias o la situación concreta. Si uno cree que algo concreto sería lo suyo, pero le falta fortaleza para ello; si ve que le supera, que haga aquello que buenamente pueda. Me gusta emplear el adverbio «buenamente», para que nadie pueda pensar que conviene ir por la vida luchando a brazo partido, haciendo las cosas con un esfuerzo titánico o haciéndose una violencia excesiva a uno mismo. Hay una tensión que es buena y positiva, que ayuda a ir creciendo y adquiriendo una sensibilidad; y otra que no lo es, porque requeriría de un esfuerzo ímprobo que, quizá con el paso del tiempo —y a fuerza de machacarse (física o mentalmente) a uno mismo—, suele resultar nociva. A cada uno corresponde ese ejercicio de discernimiento. La segunda es que no hay que confundir el proyecto personal con una concreta profesión, con un puesto o hito profesional, ni con una particular iniciativa. Todo eso puede ser parte —más o menos relevante— del proyecto, pero no puede consistir esencialmente en esto. Uno vale mucho más que una profesión, un puesto profesional o una iniciativa. El proyecto personal puede incluir estos ámbitos, al tiempo que los trasciende, como sucede con la amistad auténtica, que no debería depender de los éxitos o fracasos que uno pueda ir cosechando a lo largo de su vida. La realización personal no puede depender fundamentalmente del logro de unos objetivos. La consecución de algunos objetivos puede ser una parte, pero jamás lo más importante. Uno puede ser feliz y se puede realizar humanamente, aunque no haya podido lograr algunos objetivos que se había planteado en la vida.

El núcleo de todo proyecto personal

¿Cuál puede ser el contenido esencial de un proyecto personal que puede incluir unos objetivos, al tiempo que los trasciende y los hace prescindibles? Debe ser ese algo que tenga sustancia suficiente para constituir un proyecto de vida abierto a los demás y que dé sentido a todo lo que hacemos, sin que quepa confundirlo con un objetivo. Si ese algo que debería dar sentido a toda la vida consiste en un logro, entonces ¿dónde estaría el sentido de la propia vida si no se alcanzara ese logro? Luego la consecución de un objetivo concreto no puede constituir el proyecto de nuestra vida. Si se piensa un poco, se entiende que el proyecto personal tiene mucho que ver con la dimensión dialógica del ser humano, con una actitud de apertura a los demás, que pasa por el diálogo, la donación y el servicio. Un paso más hacia esa dirección es la de procurar positivamente el bien de los demás, y esto significa quererlos. ¿Qué es amar? En realidad, amar es querer el bien de los demás. Lógicamente, uno puede equivocarse al procurar el bien del otro, pero querer hacer el bien es ya una muestra clara de quererlo. Por tanto, un proyecto personal consiste en una vida concebida y vivida con una marcada actitud de apertura hacia los demás, procurando buscar su bien. A partir de ahí, si uno cree, con base en su particular carácter y demás circunstancias, que podría concretar más ese proyecto mediante el ejercicio de una determinada profesión, por ejemplo, o dedicándose a algo para lo que se siente llamado, o compartiendo la vida con una persona con la idea de formar una familia, etc., adelante. Ahora bien, ese nivel de concreción no debería ser el principal sostén del proyecto porque su realización puede verse frustrada por razones ajenas a la propia voluntad (porque no se logra obtener una plaza a la que se aspira, porque esa persona me deja, etc.). Si sucediera —como tantas veces sucede—, convendría seguir con el proyecto de apertura y servicio a los demás. Aunque algunos hitos u objetivos fundamentales del proyecto puedan fallar o verse frustrados, el proyecto vital debería permanecer, quizá con mayor hondura tras una experiencia inesperada y dolorosa.

En cualquier caso, hay que anclarse en la realidad. Si la realidad muestra la existencia de unas circunstancias que no permiten realizar un sueño que siempre he tenido, debo pasar página, en vez de pasarme la vida lamentando que no haya podido realizar ese sueño. Debería de cerrar ese capítulo y hacer con paz lo que realmente pueda. Eso es realismo, no idealismo. Esto conecta con la mochila —a la que antes me he referido—, con esas cosas que están ahí y de las que quizá no resulte fácil deshacerse. La mochila puede contener algunos pesos descargables y otros no. Además, alguno puede serlo para uno y no para otro, y viceversa. Quizá alguna persona podrá descargar algo de su disco duro mental y otra no podrá. Uno conseguirá vaciar más su mochila, y otro menos. Convendrá ver cada caso particular.

Recapitulación final

Concluyo con una breve recapitulación. En el capítulo 1.º se vio cómo uno no decide si vivir o no vivir, si recibe más o menos, si es amado más o menos; todo eso a uno le viene dado, sin posibilidad de decidir sobre ellas. Lo único que uno puede hacer es reconocerlo, aceptarlo y estar agradecido. En este capítulo 2.º se ha visto que sí puedo —y debo— decidir sobre la base de lo que me viene dado, de lo que soy y de cómo soy: por qué vivir y cómo vivir, dando y queriendo a los demás, sabiendo que, en realidad, esto significa llevar a la plenitud lo que soy, ser fiel a ti mismo, ser tú mismo, único e irrepetible. T. S. Eliot afirmó que «[e]n mi principio está mi fin». En realidad, ese proyecto te permite reconocerte como lo que eres porque, en el fondo, te llevará a la plenitud de lo que realmente eres. Uno puede pensar que muchas cosas importantes le vienen dadas, y es cierto, pero la realización personal a través de un proyecto único e irrepetible no nos viene dada, depende de cada uno. Y de esa decisión depende llevar a la plenitud lo que ya soy (en potencia) o no, ser fiel a mí mismo o no, ser yo mismo —único e irrepetible— o no.

Mi consejo, pues, al término de este capítulo es claro: piénsalo despacio, pide consejo, toma una decisión y emprende ese viaje con tu proyecto vital. Si te viene a la cabeza el pensamiento de qué pasará con el paso del tiempo, no tengo duda al respecto: si procuras ser una persona contemplativa, reflexiva y propensa al diálogo con personas (que también procuran ser reflexivas y contemplan la realidad con paz y tranquilidad), estoy convencido de que el tiempo siempre irá a tu favor.

LA REALIZACIÓN PERSONAL EN EL TIEMPO | 3

De poco serviría la aceptación de uno mismo, de lo que me viene dado (capítulo 1.º), y tener claro lo que uno quiere llegar a ser, su proyecto personal y de relaciones humanas (capítulo 2.º), si todo se quedara ahí, si éste no se llevara a cabo en el tiempo. En realidad, el título en sí mismo —«La realización personal en el tiempo»— conecta dos ideas que son esenciales, porque la realización personal sólo se puede dar en el tiempo y necesita de tiempo. No es posible una realización personal rápida, instantánea, conforme a la cultura del pelotazo o de la especulación, del clic. La realización personal es algo que requiere tiempo y paciencia. Otras cosas pueden obtenerse sin apenas tiempo. No es el caso de la realización personal.

Este capítulo se divide en tres partes fundamentales. Se aborda aquí una cuestión tan amplia que me limitaré a presentar un esquema básico que sería susceptible de un mayor desarrollo. En la primera parte se explica por qué el tiempo es clave para la realización personal. En la segunda parte describo las diversas concepciones erróneas del tiempo, presentes en nuestra cultura y que dificultan la realización personal; y en la tercera apunto algunos aspectos que —a mi modo de ver— son esenciales para superar estas erróneas concepciones actuales sobre el tiempo.

¿Por qué el tiempo es clave para la realización personal?

Parece una perogrullada afirmar que *el tiempo es algo absolutamente necesario*. Una vida sin tiempo no es vida, porque la vida requiere de tiempo para ser vivida. Es cierto que nacemos y morimos en el tiempo, pero aquí me refiero precisamente al hecho de su duración, esa duración que va desde que nacemos hasta que morimos y en la que nosotros tenemos la oportunidad de llegar a ser lo que queremos ser, llevando a cabo el proyecto personal.

Al nacer, uno recibe la vida. Siguiendo a Ortega y Gasset—«yo soy yo y mi circunstancia»—, cada uno tiene sus circunstancias de familia, talentos, experiencia y vicisitudes diversas, pero a esa vida y circunstancias se le añade el tiempo. El tiempo es, precisamente, lo que nos permite llegar a la plenitud, llegar a ser aquello a lo que me siento llamado, a ser lo que quiero ser, a ser aquello que, de algún modo, ya está en mí o ya soy (en potencia). Eso que quiero llegar a ser está en mí porque yo siento esa llamada a ser eso que está ya incoado, está en potencia —cabría decir—, está a mi alcance, como vimos en el capítulo anterior: «Lo que quiero llegar a ser». Precisamente porque es algo que ya está a mi alcance, es importante partir de lo que soy, de lo que me viene dado, pero sin quedarme ahí o sin caer, en definitiva, en el conformismo.

Sin embargo, *el tiempo no solo es necesario, sino que es fundamentalmente valioso*, y esto es algo que experimentamos con el tiempo. A la persona joven le cuesta valorar mucho el tiempo; más tarde, al hacerse mayor, adquiere una conciencia más clara de esa realidad y entonces uno querría recuperar el tiempo perdido —«¡Si hubiera sido antes más consciente del valor del tiempo!»—. «Tarde te amé», exclamó Agustín de Hipona dirigiéndose a Dios, al convertirse tras años de búsqueda existencial, pasando por varias doctrinas y sectas, hasta encontrar a Cristo, a quien había estado buscando a lo largo de ese tiempo sin él saberlo. La expresión «Tarde te amé» es bien elocuente en ese sentido: «¡Qué tarde descubrí aquello que realmente yo quería llegar a ser!».

Por tanto, el tiempo es necesario y valioso. Además, conviene resaltar que *el tiempo más valioso es el tiempo presente*. Esto no es una invitación a ignorar el pasado ni a desinteresarse por el futuro. El pasado y el futuro son secundarios frente al presente porque *solo en el presente puedo vivir en plenitud*. Yo no puedo vivir en plenitud el pasado ni el futuro que todavía no ha llegado, solo puedo vivir en plenitud el presente. Solo en el presente se puede amar, yo no puedo amar en el pasado, ni puedo amar en el futuro, sólo en el presente.

Sólo en el presente uno se puede realizar de conformidad con el propio proyecto personal abierto a los demás. En este sentido, es certera la afirmación de que *la felicidad no está sólo al final del camino, sino que está en el transcurso del camino, en el hecho de caminar hacia el destino final*, es decir, en el presente. Quien espera a ser feliz o pretende hacer depender su felicidad de la obtención de algo o de un cambio de circunstancias, se dará cuenta —tarde o temprano— de que la felicidad tiene que ver con el presente y lo interior (no de factores o circunstancias exteriores). De ahí la primacía del presente sobre el pasado y el futuro. En la vida *es importante procurar gozar y disfrutar haciendo lo que uno cree que tiene que hacer*, aunque a veces pueda no cosecharse el fruto esperado de lo que se está haciendo. En otras palabras, la plenitud o el gozo no está fundamentalmente en la consecución de una serie de objetivos alineados con nuestro proyecto personal, sino en el camino presente hacia ese proyecto cuya realización va más allá de unos concretos objetivos que nos hayamos propuesto.

El tiempo presente, que es valioso para todos, adquiere incluso un valor mayor para quien se embarca en un proyecto personal que, de algún modo, ilumina, informa y da sentido a la propia existencia, a toda la vida. Quien concibe su vida como un «destino hacia», no sólo valora más el tiempo presente, sino que logra conectar el presente (en el que uno está) con el pasado (con lo que ha sido y lo que ha hecho) y su futuro (con lo que quiere llegar a ser, con el Ítaca que es bueno cada uno tenga en su vida). La persona que vive el presente de ese modo no sólo vive intensamente el presente, sino que también tiene «presente» su pasado («quién es y lo que le viene dado») y su futuro («lo que quiere llegar a ser», es decir, ese proyecto personal que tiende hacia el propio destino, que es futuro). No se trata, por tanto, de vivir intensamente un presente que esté desvinculado y aislado (del pasado y del futuro), sino un presente que está perfectamente injertado en cada persona, en lo que le viene dado y con lo que quiere llegar a ser. Quien tiene un proyecto personal o un destino sólido —estable y permanente—, concibe el tiempo como duración, y su vida como una novela, como una novela de amor, una auténtica biografía con un solo personaje, con un comienzo, un hilo conductor y un destino. Esa biografía se hace realidad en el transcurso del tiempo, en el que aparecen situaciones cambiantes, que nos van enriqueciendo y también modificando, pero no hasta el punto de perder la dirección o de hacernos perder aquello que estimamos fundamental y permanente en nuestra vida. Si no hay nada permanente, si todo cambia, entonces la biografía pierde consistencia porque ha desaparecido la dirección, el hilo conductor que confería el perfil definitorio del personaje biografiado. En ese caso, tendríamos biografías de «personajes» distintos o distintas biografías, pero no una biografía con un personaje que se realiza en el tiempo.

La concepción del tiempo en la cultura actual

Tras explicar por qué el tiempo es tan clave para la realización personal, conviene describir los errores de la cultura actual en la concepción del tiempo. De nuevo, se trata de una cuestión compleja que me limitaré a sintetizar para no extenderme demasiado y no abusar de la paciencia del lector, tratando de no caer en una excesiva simplificación de la realidad.

Pienso que *los errores de la concepción del tiempo en la realización personal hunden sus raíces en tres ideas: hedonismo, narcisismo y utilitarismo*. Por tanto, los errores en la concepción del tiempo se deben a una concepción hedonista, narcisista y utilitarista del tiempo. El hedonismo se muestra en la tendencia, bien generalizada en nuestra cultura, a buscar la gratificación inmediata y constante en todas las cosas. Uno quiere la gratificación, quiere ver el resultado. El narcisismo se manifiesta en la tendencia a realizar todo desde una perspectiva autorreferencial —yo, mi, me, conmigo, todo es para mí—, sin apertura hacia el otro, ignorando, minusvalorando o despreciando al otro. Finalmente, el utilitarismo lleva a confundir la realización personal con la consecución de objetivos, de suerte que, si uno no logra alcanzar un objetivo, ya no puede ser feliz. El utilitarismo es el extremo opuesto a aquella moral cuyo objetivo es hacer el bien por amor, con independencia del resultado; porque el utilitarismo es una moral de resultado (de ahí su estrecha relación con el pragmatismo y el consecuencialismo), en la que el bien y el amor quedan relegados a la casi completa insignificancia.

La sociedad en la que vivimos, al buscar productividad y resultados en un contexto complejo y sumamente competitivo, crea y cultiva un ambiente de tensión en el que fácilmente germina una semilla, cuyo fruto es la ansiedad y la frustración. Esa concepción hedonista, narcisista y utilitarista del tiempo lleva consigo una vida sin sentido porque lo único que tiene sentido es la gratificación inmediata. Ahí no hay más hilo conductor que la búsqueda de gratificaciones inconexas, desvinculadas y sin más perspectiva que la de un yo aislado, incapaz de reconocer al otro, y preocupado tan sólo por el resultado, aquello que es visible y aparente, contante y sonante, medible, que en eso consiste precisamente la gratificación de su deseo. No hay hondura ni profundidad, todo es superficial y visible. La cultura actual no ha comprendido la verdad de aquellas sabias y certeras palabras recogidas en *El Principito*: «Lo esencial es invisible a los ojos».

Esto explica por qué *el tiempo es, para muchos, fuente de miedos e inseguridades*: no está bajo nuestro control y asoma a lo desconocido, nos abruma lo que tendremos que hacer día a día, nos plantea situaciones y retos imprevistos que no estamos seguros de ser capaces de gestionar bien. En ocasiones, nos gustaría que el tiempo se parara, otras veces que fuera más rápido, o que algo no llegara nunca o que llegara de inmediato. Algunas personas ven el tiempo como un enemigo, viviendo a contrarreloj, yendo por la vida como derrapando, como si siempre estuvieran llegando tarde a algún sitio. Por otra parte, el tiempo parece poner a prueba nuestra resistencia, nuestro aguante, nuestra consistencia. Es verdad que la mayor parte de esos temores son inherentes a la condición humana. La vida humana está marcada, queramos o no, por la duda, el miedo y la prueba; pero también es consecuencia, en buena medida, de la concepción cultural actual sobre el tiempo, que ahora paso a describir muy brevemente.

La mentalidad y la cultura posmodernas en la que nos ha tocado vivir, fascinada y configurada por el mundo digital, concibe el mundo desde las coordenadas de la inmediatez, la rapidez, lo cambiante y lo ruidoso; estos referentes están presentes, son nuestras coordenadas. Lo bueno es aquello que es inmediato y rápido; lo permanente es visto más bien como algo repetitivo, tedioso y aburrido. El ruido también es importante: conviene que haya mucha música, ruido de fondo. Según la biblia de la posmodernidad, lejos de afirmar que el hombre ha sido hecho «a imagen y semejanza de Dios», enseña más bien que ha sido hecho «a imagen y semejanza de las máquinas», de lo digital. Esto ha permitido introducir al ser humano en la nueva unidad de tiempo, el nanosegundo, porque los minutos o las horas —y no digamos ya los días y los meses—, son duraciones (o tiempos de espera) que se hacen eternos e insufribles; todo tiene que ser muy rápido. Reducir la duración del tiempo a la sucesión de instantaneidades, reducir el tiempo a lo inmediato y efímero: esa ha sido la trasformación o el cambio de paradigma operado por la posmodernidad. Todo debe de hacerse muy rápido, a gran velocidad; de lo contrario resulta aburrido, cansino, en absoluto gratificante y, por lo tanto, no puede ser bueno.

Para la cultura actual lo que es realmente bueno, bello y verdadero es lo inmediato, lo rápido y lo fácilmente cambiante. De ahí la admiración que tiene nuestra sociedad y cultura por los genios y superdotados; esa admiración se debe a que un genio o un superdotado no sólo es capaz de hacer cosas complejas de modo rápido sin apenas esfuerzo, sino que además las hace bien, obteniendo el resultado deseado (por tanto, con la consiguiente gratificación). De ahí que se admire a esas personas, al igual que a la gente capacitada para el *multitask*, a quienes hacen varias cosas al mismo tiempo, cuantas más mejor. Nuestro imaginario juzga como lento lo que dura un poco (no digamos ya si dura algo más) y como rápido lo inmediato e instantáneo, aquello que está a un simple clic. De ahí que tanto atraiga el mundo virtual, porque ahí todo está a un clic y uno siempre puede satisfacer con rapidez e inmediatez sus gustos, preferencias y pasiones. Pero esa inmediatez, que termina siendo un fiel reflejo de una especie de «zapping existencial», no sólo deja insatisfecho a quien lo vive, sino que le aparta de la realidad humana y le incapacita para realizar proyectos a largo plazo, y en particular aquel que dura toda la vida: la realización personal a través de una vida lograda, una vida que, vista tanto en su transcurrir como al final, merece la pena ser vivida, no sólo pensando en uno mismo sino también en los demás, por el legado y la huella que uno puede dejar en los demás, en nuestro círculo más cercano (familiar, profesional y social) y en el mundo entero.

La cultura actual admira y enaltece lo extraordinario frente a lo ordinario, lo espontáneo frente a lo previsible. Entiende que lo extraordinario y espontáneo es liberador, mientras que lo ordinario o previsible es esclavizante. Me refiero aquí a una espontaneidad asilvestrada o indómita, no sujeta a guion alguno porque en realidad no existe un guionista, sino muchos, y la vida del sujeto que despliega esa espontaneidad no es más que la suma o la sucesión inconexa de instantaneidades sin proyecto ni destino, sin un hilo conductor que confiera unidad y armonía; en definitiva, un sujeto carente de una auténtica biografía. Esta concepción miope y distorsionada del transcurso del tiempo, no sólo es incompatible con una realización personal auténticamente humana, sino que genera grandes grietas e incoherencias en la vida de las personas. Veamos algunas:

— Uno querría hacer de sí mismo algo grande, pero luego vive el presente a espaldas de ese proyecto, tomando decisiones cotidianas contrarias a ese proyecto.

— Uno queda impresionado por la belleza de grandes edificios o catedrales, pero no es consciente de que eso requiere de muchos días, años, décadas a veces, de trabajo; se querría construir una gran catedral rápidamente, con un clic. Uno se impresiona ante la Sagrada Familia, pero sin ser consciente de que ese templo lleva muchísimos años siendo construido y está todavía por terminar, como la vida de cada ser humano. Uno querría hacer de su vida algo grande, como la Sagrada Familia o la catedral de Burgos, pero no parece querer lo que esto lleva consigo, día a día, poco a poco, paso a paso, «sin prisa, pero sin pausa».

— Uno querría hacer de su vida una novela de amor, pero las decisiones y acciones diarias no van en la línea de esa novela en su vida.

— Uno tiene buenas ideas e intenciones, pero no se esfuerza por hacerlas realidad en el día a día. Desde luego, es más fácil dejarse llevar por los impulsos o por las circunstancias de cada momento. Esto no significa negar la importancia de las circunstancias, ni la conveniencia de valorarlas. Ahora bien, no deberían ir cambiando constantemente el proyecto personal; de lo contrario, no habría realmente un proyecto, sino tantos y tan diversos como las propias circunstancias.

— Uno puede vivir como insatisfecho, empachado de gratificaciones inmediatas, con los sentidos embotados y aturdidos, haciéndole insensible a las necesidades de los demás, a quienes uno ve como algo ajeno, extraño a uno mismo. Esto sucede porque uno se ha despersonalizado, se ha hecho extraño incluso a uno mismo.

El tiempo lo puede erosionar todo, no sólo aquel proyecto personal que daba o llenaba de sentido la propia vida, sino incluso aquello que a uno le venía dado: el don de la vida humana que permite a uno vivirla con asombro y agradecimiento —como se vio en el capítulo 1—, y reconocerse a sí mismo en los demás, a los que cuida, escucha, aprende, con quienes disfruta y crece como persona.

¿Cómo superar las dificultades y peligros que plantean el transcurso del tiempo?

¿Cómo superar esas dificultades y peligros reales y próximos, tan presentes en la cultura actual? Recojo a continuación dos ideas básicas y siete claves prácticas, dejando al lector la posibilidad de pensarlas y desarrollarlas un poco más y, sobre todo, de aplicarlas a cada caso o situación.

Ideas básicas

1.ª Se ha visto que el tiempo no sólo es necesario, sino también valioso. Si los proyectos se hacen realidad en el tiempo, el gran proyecto de nuestra realización sólo es posible con el transcurso del tiempo, que no es lo mismo que dejar pasar el tiempo. La primera idea básica es la siguiente: *si uno aprovecha el tiempo (presente), puede llegar a ser lo que quiere ser; si no, uno puede llegar a despersonalizarse y deshumanizarse*. Todos hemos oído las expresiones «el tiempo lo dirá», «el tiempo pone a cada persona en su sitio». Aunque no siempre es así, muchas veces sucede así. Aquí cabría desarrollar la idea de que el tiempo es maestro. Como afirmara Cicerón, la historia es «maestra de la vida», y la historia es precisamente

el transcurso del tiempo. El tiempo es maestro (que enseña), médico (que sana) y juez (que enjuicia y hace justicia,
poniendo a cada persona en el lugar que le corresponde;
aunque no siempre).

2.ª Una vez que se tiene claro el proyecto personal y
se ha decidido lo que se quiere llegar a ser, mi consejo es el siguiente: *procura que el tiempo juegue siempre
a tu favor*. Esto significa que, hagas lo que hagas, debes
procurar que tu conducta siempre esté en consonancia o
vaya en la dirección de tu proyecto, hacia donde crees en
conciencia que debería ir tu vida, en la línea de ese proyecto —estable, permanente— que te irá llevando hacia
lo que quieres llegar a ser.

La pregunta —o la cuestión— fundamental es cómo
lograrlo, cómo conseguir que el tiempo juegue a nuestro
favor. He aquí nueve claves prácticas.

Claves prácticas

1.ª Procurar pensar, actuar y sentir en sintonía con lo
que quieres llegar a ser. Todos querríamos escribir o hacer de nuestra vida una gran novela de amor, pero nuestras decisiones diarias no son de amor (por cierto, yo re-
comiendo vivamente dedicar un tiempo al día a escribir
porque la escritura fomenta la reflexión. Uno tiene que
auscultarse a sí mismo. Conviene que sea algo regular,
diario a ser posible). Tenemos buenas ideas e intenciones,
pero no terminamos de hacerlas realidad en el día a día,
porque «cada día tiene su afán y no hay que ser rígidos»
(pensamos), pero eso nos lleva lejos de lo que en realidad decimos querer como proyecto de nuestra vida. Gan-
di afirmaba que «[l]a felicidad se alcanza cuando lo que
uno piensa, lo que uno dice y lo que uno hace están en
armonía». Añadiría yo también «lo que uno siente» porque el mundo de los sentimientos y de los afectos son tan

humanos como el de la inteligencia y de la voluntad. Hay que aprender a preguntarse a uno mismo: «Eso que estoy haciendo, diciendo, pensando o sintiendo, ¿está en sintonía con lo que quiero llegar a ser?». Si así es, adelante; si no, conviene rectificar, porque esto no es lo que yo quiero realmente. Y carecería de sentido cambiar lo que quiero llegar a ser en función de circunstancias o deseos pasajeros. Evidentemente, no somos perfectos, y tendemos a desviarnos; pero es más perjudicial dejar de rectificar el rumbo que el hecho mismo de equivocarse o desviarse.

El primer frente de lucha es, precisamente, el del pensamiento. Muchas veces uno pierde ahí, y ese es el primer frente en el que conviene librar la batalla para conquistar la propia libertad. Un pensamiento negativo, de venganza o de envidia hace mucho daño a la persona que lo admite o no lo rechaza. Conviene cortarlos de raíz; de lo contrario, corroen por dentro e impiden vivir en paz con uno mismo y con los demás. Aunque una persona te haya podido hacer daño o lo haya intentado, no permitas ni aceptes contra ella ningún pensamiento negativo porque uno es, en buena medida, lo que piensa, por mucho que ese pensamiento no sea visto por nadie ni vaya a traducirse en ninguna acción. Uno es lo que piensa, lo que desea, lo que quiere, también cuando se actúa: aquello que uno hace te hace mejor persona o más miserable en función de lo que realmente se busca al actuar (quedar bien, satisfacer la vanidad, hacer daño a otra persona, o bien ayudar, ser justo y equitativo, buscar el bien de los demás). Lo que piensas te hace mejor o te degrada.

2.ª Cuando te has desviado, reconócelo, rectifica y sigue adelante. No hay que desanimarse: *Don't give up!* Construir exige tiempo, destruir es muy rápido: de eso tenemos todos experiencia. Se destruye rápidamente, se construye y reconstruye con tiempo. Cuanto menos tiempo uno esté destruyendo, yendo en la dirección opuesta a la que uno se había marcado con su proyecto, mejor. Hay que estar siempre construyendo, aunque sea pasito a pasito, poco a poco, lentamente. Se construye poco a poco. Antes se ha puesto el ejemplo del templo de la Sagrada Familia o de la catedral de Burgos. Quien trabaja y coloca sus ladrillos todos los días a lo largo de su vida, acaba construyendo algo grande y duradero; el que cambia de plan o programación todos los días, no es fácil que llegue a hacer algo valioso a no ser que sea un genio; pero incluso siéndolo, es posible que su realización personal se resienta de tanta espontaneidad. En efecto, se construye poco a poco, sí, pero hacia una dirección y destino claros. A uno quizá le gustaría ir más rápido, pero no hay que impacientarse, sino seguir avanzando hacia esa dirección poco a poco, pasito a pasito, aunque sea a paso de tortuga. Si voy en la buena dirección, el tiempo juega a mi favor.

Quien tiene un destino o persigue una meta vital examina a diario su conducta y, en su caso, rectifica lo que no ha hecho bien y le haya podido desviar. Es preferible no equivocarse, pero es peor no actuar por miedo a equivocarse. Es bueno pensar antes de actuar, y a veces también después de haber actuado, huyendo de los dos extremos: el de quien actúa y luego piensa, y el que necesita pensar tanto que nunca termina de actuar. Examinarse —o examinar la propia conducta— tiene que ver con un aspecto fundamental de la vida ética, poniendo como objeto de reflexión la propia vida: «¿Qué estoy haciendo en —o con— mi vida? ¿Qué he hecho?». Creo que se trata de una buena práctica que conviene llevar a cabo regularmente, a diario. Para ello, hay que buscar y proteger unos momentos de silencio. Convendría dedicar unos minutos diarios a contemplar, dialogar y reflexionar. Si uno no se da tiempo para pensar y reflexionar sobre su vida, ni sobre lo que pasa a su alrededor, es difícil saber hacia dónde está yendo su vida, si está creciendo o achicándose, si mejora o empeora, si se está acercando o alejando del proyecto que le permite llegar a ser lo que quiere ser, etc.

En esta línea, *sé diligente y rápido en aquello que te pueda acercar a tu proyecto, sé lento en aquello que te pueda alejar*. En ocasiones se hace lo contrario: se es rápido en aquello que le aleja del proyecto y lento en aquello que acerca a lo que quiere llegar a ser, lo cual es una mala estrategia. Sé diligente en llevar a cabo todo lo que pueda contribuir a realizar ese proyecto, y lento en hacer o decidir algo que pueda enfriar, apartarte o distanciarte de ese proyecto que libremente abrazaste. En efecto, «darse tiempo» es importante también cuando uno querría echar por la borda aquel proyecto o aquella relación por la que uno ha hecho todo o casi todo durante un periodo largo de tiempo. En esos casos, lo adecuado y prudente es darse tiempo.

No hay que desanimarse: *Don't give up!*. Pablo de Tarso experimentó vivamente su limitación y poquedad, sintetizando su experiencia en una conocida frase en forma de interrogación: «¿por qué, queriendo hacer el bien que deseo, hago el mal que no deseo?». Este texto de san Pablo no deja de ser un modo bonito de reconocer la propia debilidad que se hace patente cuando uno decide hacer algo y luego no lo hace, o decide dejar de hacerlo y termina haciéndolo. Es un signo de la fragilidad de la propia libertad. Esto puede llevar al desánimo o, por el contrario, a la decisión de seguir avanzando a fin de conquistar nuevos espacios de libertad. Conviene optar por lo segundo. En cualquier caso, se trata de una experiencia humana, que también san Pablo experimentó de un modo intenso tras su conversión y sintetizó de un modo bello hace ya casi dos mil años.

A veces uno tiende a procrastinar, a ir aplazando las cosas que debería hacer, y luego experimenta una sensación de malestar por el desajuste entre la tarea a realizar y el tiempo disponible. ¿Quién no ha experimentado alguna vez una cierta frustración al tener que hacer algo y carecer del ánimo para ponerse a hacerlo? Uno puede verse inútil, incapaz y débil. La debilidad se muestra cuando uno no logra hacer lo que querría hacer, o no logra dejar de hacer lo que querría omitir. La procrastinación es un signo de esa debilidad: uno querría hacer algo, pero falta la fuerza de voluntad para empezar, para ponerse a hacerlo. Cada uno debe descubrir sus propias estrategias o técnicas. Yo aplico el dicho castellano de que «la mejor defensa es un buen ataque», procurando hacer en primer lugar aquellas cosas que más me cuestan, porque sé que cuanto más las retraso, más me cuestan. Procurar hacer en primer lugar lo más costoso es una buena estrategia.

Por otra parte, a veces uno querría hacer el bien, pero le sale mal. En estos casos, en los que el resultado no acompaña al esfuerzo por hacer el bien, no hay que perder la paz, sino mantener la tranquilidad. Cuando uno intenta hacer el bien, pero le sale mal, no pasa nada. Lo relevante es haber procurado hacer el bien, y eso ya me ha hecho mejor como persona, con independencia del resultado o el fruto de la acción. Es importante tener esto claro porque, de lo contrario, el gozo y la alegría de la persona dependería de factores ajenos a su voluntad, no controlables y, por tanto, quedando uno preso del sentimiento de temor, angustia o ansiedad, tan comunes en nuestra sociedad. Esto lleva a una visión utilitarista, que contradice el principio moral de hacer el bien por amor (y no por obtener un resultado o contraprestación). Cuando uno se adentra en esa mentalidad utilitarista, termina razonando del siguiente modo: «Como esto puede salirme mal, entonces mejor no hacerlo». Craso error: uno debería de querer el bien que buenamente puede, aunque no tenga garantizado el fruto; es mejor intentar ayudar a los demás, que omitirlo por temor a equivocarse o a no ser capaz de llegar a ayudarles efectivamente.

En una ocasión alguien me preguntó dónde puede uno encontrar esa persona o ese libro que me pueda orientar en un momento de necesidad o desánimo. Me pareció una buena pregunta. Le contesté que, en efecto, una persona en la que confiar o un buen libro pueden resultar muy valiosos, que lo valioso cuesta, no es fácil, pero que si se busca con determinación, suele conseguirse —quizá tras varios intentos, a veces muchos—. Lo importante es mantener la actitud de búsqueda y de intentarlo una vez y otra. Es difícil no lograr algo cuando alguien se empeña en ello. El problema es que uno se cansa tras unos pocos intentos y se rinde. No hay que cejar en el intento. *Don't give up!*

3.ª Hay tiempo para cada cosa: organízate. Como dice el Eclesiastés 3, «[t]odo tiene su momento oportuno; hay un tiempo para todo lo que se hace bajo el cielo: un tiempo para nacer y un tiempo para morir; un tiempo para plantar y un tiempo para cosechar...». Por tanto, organízate y pon orden porque no todo tiene la misma relevancia en relación a tu proyecto personal. A la hora de organizar el tiempo conviene tener presente quién soy y qué quiero ser, porque esto permite dilucidar qué cosas revisten más importancia que otras. Lógicamente, aquí conviene recordar algo que ya se dijo en el capítulo 2: lo primero son las personas. Poner las cosas por delante de las relaciones personales es un signo de que algo del proyecto —su contenido o su realización— está fallando. El tiempo es necesario para todas las cosas valiosas, y lo más valioso es uno mismo y los demás; de ahí que la amistad requiera tiempo, las relaciones amorosas (no las meramente sentimentales) se hacen más hondas con el tiempo. Dedica tiempo a cultivar y cuidar las relaciones humanas, empezando por las más cercanas (familiares y amigos), pero con una disposición positiva y abierta para conocer y tratar a otras muchas personas. El trato con los demás es lo que más enriquece y hace crecer como persona.

4.ª Vive y céntrate en el presente, haciendo una cosa detrás de otra. No es fácil vivir completamente en el presente. Uno puede tender a pensar en lo que ha hecho o debería haber hecho, en lo que deberá hacer más tarde, etc. Trata de descubrir esa tendencia y procura poner todos tus sentidos y potencias en lo que quieres o debes hacer en cada momento. Descubre qué cosas o pensamientos te distraen, te tensionan o te angustian, y deshazte de ellos o ignoralos; de lo contrario, nunca terminarás de gozar del presente. Conviene vivir el presente con un mínimo de paz y gozo. Esto no es posible si no se es capaz de gestionar o desviar el flujo —a veces, frecuente o continuo— de pensamientos que tienden a ir minando y desgastando mentalmente a quien los padece. Hay que deshacerse de ellos o ignoralos. Una vez has decidido lo que debes hacer, trata de centrarte exclusivamente en aquello, y cuando termines en lo siguiente, y así sucesivamente. No te rayes con aquello que no toca en ese momento, déjalo pasar, olvídalo.

Cada persona tiene su modo de ser y sus circunstancias particulares. Es cierto que controlar la mente no es sencillo, y que la tendencia a la disipación forma parte de la fragilidad humana. Además, determinadas circunstancias lo pueden dificultar aún más: la incertidumbre del futuro, el temor a defraudar a la gente que nos rodea, el miedo a fallar, quizá a veces provocados por ciertos complejos o experiencias por las que se ha pasado. Todos estos pensamientos —muchos de ellos relacionados con miedos y temores— pueden rayar —como suele decirse vulgarmente— y amenazar con perder la paz. Conviene, en primer lugar, detectar esos pensamientos, ver si tienen o no razón de ser. A veces pueden tenerla en parte, pero generalmente son creados por la propia imaginación y conviene deshacerse de ellos o ignorarlos, porque impiden progresar y vivir el presente con paz. ¿Cómo deshacerse de esos pensamientos? De igual modo que uno gestiona los demás pensamientos negativos: si a uno se le pasa por la cabeza un pensamiento injurioso o calumnioso contra alguien, ¿qué hace? Tratar de rechazarlo o dejarlo pasar de inmediato porque ese pensamiento no va con uno. Lo mismo hay que hacer con los demás pensamientos negativos, sin dialogar ni dejarse enredar por ellos. Aunque esos pensamientos inspirados por el temor no sean directamente ofensivos contra los demás, es ofensivo hacia uno mismo, resulta dañino y hay que rechazarlo de inmediato o no prestarle la más mínima atención para centrarse en lo importante. Como «la mejor defensa en un buen ataque», el esfuerzo no debe ponerse sólo —ni fundamentalmente— en rechazar los pensamientos negativos, inoportunos o tóxicos, sino en centrar la mente en aquello de lo que uno se ocupa en el presente.

Cuando se reacciona de ese modo, generalmente funciona; si costara un poco más, habría que esforzarse también un poco más; y si costara mucho más, en ese caso quizá habría que recurrir a un profesional para encauzar o resolver esa dificultad. Antes de recurrir al profesional, conviene intentarlo de verdad. El problema es que a veces uno no termina de captar lo nocivos que son esos pensamientos, no reacciona rechazándolos, sino dialogando con ellos, con lo que entran todavía más en el interior de la persona. Craso error. Hay que cortarlos de inmediato o aplicarles el dicho de que «no hay peor desprecio que no hacer aprecio»: hay que ignorarlos por completo.

Si necesitas relacionarte con personas que tengan pensamientos negativos, procura no intoxicarte por ese modo de proceder. Probablemente no podremos cambiar a esas personas, pero sí cabe modificar nuestro modo de reaccionar al tratarlas. Uno debe ser realista y positivo en todo aquello que depende de uno mismo, pese a que quizá el propio entorno resulte negativo o un tanto tóxico o adverso. Si uno procura no dejarse contagiar de lo malo, ya está mejorando el entorno, pero sin olvidar que cada uno debe responder de su vida, no de la de los demás. Es bueno tratar de ayudar, pero carecería de sentido llevar sobre los propios hombros una responsabilidad moral que es ajena.

En resumen, focalízate en el presente, cortando todo lo que te distraiga. Cuando lo vayas consiguiendo, rendirás más, te cansarás menos y empezarás a disfrutar de lo que vas haciendo...

5.ª Toma el tiempo conveniente para hacer las cosas: modera la impaciencia y la ansiedad. No se trata de caer en el perfeccionismo, ni de dejarse llevar por una actitud parsimoniosa al realizar lo que uno debe hacer. Es bueno ser diligente y resolutivo. Pero conviene no olvidar que las cosas exigen un mínimo de tiempo: pretender realizarlas con menos tiempo o a mayor velocidad puede resultar eficiente a corto y medio plazo desde una perspectiva profesional y pragmática, pero quizá no a largo plazo, y desde luego nocivo para el crecimiento personal. Como se ha dicho, contemplar, reflexionar y dialogar son acciones que no se compadecen con la precipitación, el atolondramiento y la impaciencia. «No se conquistó Zamora en una hora». Cada cosa tiene su tiempo o momento, como se ha dicho, pero cada cosa también requiere de un tiempo. ¡Cuidado con querer hacer y terminar las cosas demasiado rápido! Cabe el peligro de que, ni se hagan bien, ni hagan bien a quien las realiza de ese modo.

No pocas veces las enfermedades o trastornos mentales como la ansiedad o depresión provienen del exceso de velocidad al hacer las cosas. La impaciencia es un cáncer que conviene extirpar; de lo contrario, con el tiempo va a más y termina causando estragos.

Como se ha dicho, una de las claves para vivir intensamente y gozar del presente consiste en hacer una cosa detrás de otra, cada cosa a su tiempo y que, al realizar lo que toca, hay una velocidad más allá de la cual uno se desgasta. Cuando uno trata de realizar las cosas con una velocidad excesiva, resulta difícil poder gozar de lo que se hace. Las cosas requieren de un tiempo (aunque eso depende también de cada uno); si uno pretende hacerlas a mayor velocidad para hacer más cosas en menos tiempo, uno empieza a no disfrutar, a asfixiarse, a desgastarse. Se puede vivir así un tiempo, pero no conviene abusar de ese recurso, incluso cuando uno tiene capacidad para hacerlo.

Hay personas con un carácter excesivamente expeditivo o resolutivo, que buscan la eficacia por encima de todo (*getting things done*). ¿Cuál es el problema de esa actitud? Que impide el cultivo de las tres fuentes fundamentales de conocimiento, empezando por la primera, que es la más importante: la contemplación de la realidad. Si uno va por la autopista a trescientos por hora, no ve otra cosa que el fondo y las líneas que marcan el trazado para no salirse de la carretera; no puede contemplar nada. Ahora bien, si conduce más despacio, va en bicicleta o pasea por el campo, uno es capaz de observar el paisaje, captar los detalles, el canto de los pájaros, el olor de las flores, el color de las hojas de los árboles, etc., y puede disfrutar de la realidad, al tiempo que puede reflexionar y dialogar. El exceso de velocidad incapacita e insensibiliza para todo que no redunde en eficacia, productividad y rentabilidad.

A las máquinas se las puede programar para esto, pero esto no es lo propiamente humano. Este modo de vivir no sólo impide la contemplación, sino también la reflexión, repensar lo que se hace, profundizar en el sentido de lo que se hace, etc. Además, el exceso de velocidad también impide el diálogo: a veces no se tiene tiempo para estar con las personas cercanas (familiares, amigos), para dialogar con ellos, y uno puede incluso llegar a pensar que esto es una pérdida de tiempo. Actualmente se pretende «humanizar» a las máquinas y robotizar al ser humano, adoptando la unidad temporal del nanosegundo: si algo se puede hacer en menos segundos, mejor, más productividad y más rentabilidad. Esta mentalidad resulta deshumanizadora porque nos impide —o dificulta en gran medida— el cultivo de esas grandes capacidades racionales o intelectuales que caracterizan o definen al ser humano: contemplar la realidad, reflexionar y dialogar.

De ahí que la alta velocidad sea mejor dejarla para los trenes y otras máquinas. Quizá pueda ser conveniente en un momento dado —para quien está al final de una oposición o ante un pico de trabajo en la empresa, etc.—, pero vivir habitualmente con esa trepidación o yendo por la vida a contrarreloj, implica deslizarse por un camino que termina empobreciendo, despersonalizando y deshumanizando a quien lo recorre. Uno puede llegar a hacer muchas cosas, pero de poco sirven si esa eficacia nos aleja de aquello que nos caracteriza y define como personas, si no nos acerca a lo que verdaderamente queremos llegar a ser. Todos queremos ser más humanos, pero esto implica necesariamente cultivar esas capacidades de contemplación, de reflexión y de diálogo; de lo contrario, uno se hace extraño a sí mismo y se aleja también de los demás.

6.ª No reduzcas tu proyecto personal a resultados u objetivos concretos. Como se ha dicho, tú vales mucho más que unos resultados, unos frutos o unos objetivos en la vida; vales muchísimo más que eso. Confundir o identificar un proyecto personal con determinados objetivos es un grave error. Un proyecto personal es mucho más que la consecución de unos logros. Es verdad que algunos objetivos pueden servir a modo de hitos o puntos referencia al recorrer el camino, pero si no es posible alcanzarlo, conviene recordar el dicho de que «donde una puerta se cierra, otra se abre»; el proyecto sigue ahí, incólume, y hay que continuar. No pocas veces el paso del tiempo acaba mostrando que aquel objetivo no era tan conveniente o, aún siéndolo, su carencia trajo consigo bienes aún mayores. La vida tiene una dimensión misteriosa que el tiempo se encarga de ir revelando o desentrañando, pero conviene ser paciente y no sucumbir ante desánimo.

7.ª **Sé fuerte. Crécete ante las dificultades.** Nadie nace fuerte, sino que se hace fuerte. Y ese hacerse depende de las decisiones y conducta de cada persona. La adversidad ayuda a crecer y fortalecerse, ir a contracorriente permite afianzarse más en lo que uno quiere llegar a ser. Esto es lo que la vida me ha enseñado hasta el punto que, desde hace ya un tiempo, si constato que estoy haciendo algo que hace todo el mundo, me planteo si quizá estaré haciendo algo mal: No me resisto a transcribir aquí cuatro reglas o criterios que Ortega y Gasset recomendaba, ya en 1928, a la gente joven, cuya actualidad resulta indiscutible, también para gente adulta:

«1.ª No hagáis nunca caso de lo que la gente opina. La gente es toda esa muchedumbre que os rodea —en vuestra casa, en la escuela, en la Universidad, en la tertulia de amigos, en el Parlamento, en el círculo, en los periódicos. Fijaos y advertiréis que esa gente no sabe nunca por qué dice lo que dice, no prueba sus opiniones, juzga por pasión, no por razón.

2.ª Consecuencia de la anterior. No os dejéis jamás contagiar por la opinión ajena. Procurad convenceros, huid de contagios. El alma que piensa, siente y quiere por contagio es un alma vil, sin vigor propio.

3.ª Decir de un hombre que tiene verdadero valor moral o intelectual es una misma cosa con decir que en su modo de ser o de pensar se ha elevado sobre el sentir y el pensar vulgares. Por esto es más difícil de comprender y, además, lo que dice y hace choca con lo habitual. De antemano, pues, sabemos que lo más valioso tendrá que parecernos, al primer momento, extraño, difícil, insólito y hasta enojoso.

4.ª En toda lucha de ideas o de sentimientos, cuando veáis que de una parte combaten muchos y de otra pocos, sospechad que la razón está en estos últimos. Noblemente prestad vuestro auxilio a los que son menos contra los que son más» (Texto introducido en el volumen Nuestra raza, libro de lectura manuscrita escolar. Editorial Hispano-Americana, Reus, 1928).

Siempre me ha cautivado esa cuarta regla, aplicable a las ideas y modos de vivir: «cuando veáis que de una parte combaten muchos y de otra pocos, sospechad que la razón está en estos últimos». No se trata de cultivar una especie de espíritu de contradicción: estar siempre contra todo. La sociología estudia mucho la tendencia del ser humano hacia el mimetismo. Tras oír cien veces una mentira, la gente tiende a pensar que aquello es la verdad, pero el pensamiento crítico debería impedir esa absurda conversión de algo falso en verdadero por la mera repetición, y decirse a uno mismo: «para mí una mentira lo seguirá siendo, aunque se repita millones de veces: por ahí no paso. Y si hay poca gente que piensa como yo, es una pena por la gente porque yo no voy a cambiar o, al menos, voy a procurar no cambiar».

8.ª No huyas de ti: busca y protege tiempos de silencio. El silencio es algo absolutamente imprescindible para llegar a ser alguien con el paso del tiempo. Conviene buscar y encontrar tiempo para el silencio, que es el marco necesario para la contemplación de la realidad, la reflexión y el diálogo. Los avances tecnológicos del mundo posmoderno no han logrado desterrar algo que empezó a inundar las ciudades a partir de la revolución industrial: el ruido. Parece como si al ser humano le incomodara el silencio. Conviene reconciliarse con el silencio, valorarlo y tratarlo. El silencio permite reconciliarse consigo mismo, acostumbrase a estar con uno mismo, a pensar tranquilamente las cosas, a veces quizá con la lectura de un buen texto, con la conversación con un buen amigo, con la pareja o con un hijo.

Hay una historia de la mitología griega que cuenta cómo los dioses griegos se reunieron y decidieron qué hacer para que los hombres no pudieran ser tan felices como los dioses. ¿Cómo vamos a conseguir que el hombre no sea feliz y mantenga siempre la ansiedad de ser más, pues los dioses son felices y los hombres no? Entonces, apareció Eolo, el dios de los vientos, y dijo: Yo lo que haría es poner el tesoro en la cima de un pico elevadísimo que fuera de muy difícil acceso, de suerte que el hombre no pudiera encontrar el tesoro. Entonces Poseidón, el dios del mar, dijo: No, sería mejor poner el tesoro en las profundidades del mar; ahí debajo seguro que no lo conseguirían. Intervino Zeus, dios de los dioses y dijo: No, ahí también lo buscarán. Pongamos la felicidad en lo más íntimo y profundo del ser humano. Ahí seguro que no lo buscarán.

Pienso que es un gran problema vivir excesivamente volcado hacia el exterior, pendiente de la imagen, de las cosas que pasan constantemente, pretendiendo estar informado de muchos sucesos en tiempo real —hay alguna aplicación que te baja todas las noticias en tiempo real, de suerte que uno puede pasarse el día entero mirando lo que está pasando en todo el mundo—. Esta tendencia dificulta el viaje hacia el interior de uno mismo, que es lo más importante: es ahí donde radica la libertad más profunda del ser humano, de ahí surge también el reconocimiento de uno mismo y de los demás, así como la capacidad de comunicarse con los demás y de entenderles (incluso cuando algunas personas no lo faciliten o no logren comunicarse bien). Desde ahí, un gesto o una mirada son susceptibles de ser interpretados con profundidad. Esta sensibilidad proviene, en buena medida, de una capacidad de contemplación y reflexión, cuyo cultivo requiere del silencio. Sin silencio no es posible contemplar ni reflexionar. En la sociedad actual, cuyo ruido y movimiento son constantes, no resulta fácil, cargados de ruido como estamos, la comunicación.

La belleza, la verdad y el bien se van descubriendo con el tiempo: es el resultado —quizá el premio— de una actitud contemplativa sosegada y duradera en el tiempo. La inmediatez, la instantaneidad y lo efímero pueden ser muy guay y emotivo, pero no dejan huella; es más, nos hace superficiales porque sacrifica todo a lo inmediato e instantáneo: no hay tiempo para vivir con sosiego, pensar con calma para tratar de llegar al fondo de una cuestión, mirar despacio (a no ser que sea algún partido de fútbol, tenis o de Formula 1), escuchar con atención, leer con detenimiento, o construir algo que vaya más allá del hoy, aquí y ahora, por supuesto sin conexión con el ayer y el mañana.

La verdad se manifiesta en silencio o en voz baja, como un susurro, apenas perceptible. Hay que cultivar la capacidad de escucha, que muchas veces tenemos atrofiada por los ruidos interiores y exteriores. Hay que procurar salir de un estado de aturdimiento que nos hace insensibles frente al susurro de lo bello, lo bueno y lo verdadero. Vivir aturdido y con los sentidos embotados es fácil; aumentar la capacidad de contemplar y auscultar la realidad tal como es, es más complejo. Y el exceso de velocidad, ruido y sensaciones lo hacen todavía más difícil.

9.ª Procurar —en todo quehacer y relación, y por encima de todo— amar. En realidad, no existe motivación o fuerza motriz más fuerte que el amor: sentirse amado y amar. Es cierto que el estímulo y la ilusión que suelen generar un buen proyecto personal pueden llegar a tirar mucho de uno, pero existen motivaciones radicales o profundas que traccionan mucho más. Un mínimo de autoestima y, sobre todo, el amor a los demás —y a Dios, si eres creyente— pueden llegar a tener una fuerza mucho mayor, porque hacer algo buscando el bien de otras personas —empezando por aquellas más cercanas—, estimula más la capacidad creativa y la disposición de sacrificarse gustosamente por algo que realmente lo merece. Suele ser mejor profesor el que aprecia y busca el bien de sus estudiantes, y mejor empresario el que tiene presente el bien de sus trabajadores, proveedores y clientes. Amar no impide aprovechar el tiempo ni cumplir con las obligaciones, sino todo lo contrario, pero no por el mero cumplimiento de un deber, ni por una razón estrictamente utilitaria de eficiencia, productividad o rentabilidad. El amor es siempre lo más rentable para quien ama, no para quien se rige primordialmente por otros móviles más utilitarios o crematísticos.

«Si quieres volar, ama y sabrás lo que es volar», reza un dicho. El amor tiene una consecuencia radical: el valor del presente, porque sólo en el presente es posible amar, no en el pasado ni en el futuro. Sólo se puede vivir y procurar una vida plena en el presente, un presente que puede vivirse con distintas motivaciones: por un sentido del deber, por el afán de figurar, por dejar algo hecho (getting things done), etc. Entre las motivaciones, sin duda alguna, la más alta es el amor. En consecuencia, el mejor modo de vivir bien el presente es procurar que todos y cada uno de los actos estén hechos con amor y por amor, poniendo amor en aquello que se está haciendo en cada instante. Así pues, hay que concentrarse en amar aquí y ahora, porque el amor solo se puede dar y recibir en el instante presente. Y esto implica, además —como ya se ha dicho—, hacer las cosas procurando el bien de los demás, pensando en el servicio que se les presta. Esta es una clave o condición fundamental para una vida auténticamente humana.

El reto del paso del tiempo

¿Por qué el paso del tiempo constituye una prueba, un reto tan costoso para la propia realización personal? Porque nos pone en la realidad. El transcurso del tiempo interpela y afecta a todos, y sólo ahí se pone a prueba la consistencia y coherencia de nuestro proyecto vital. Uno puede querer o desear muchas cosas, tener grandes ideas, tomar decisiones inteligentes, hacer buenos propósitos o pronunciar bonitas palabras, etc. Todo eso es real, desde luego, pero lo será mucho más cuando uno demuestra, en el transcurso del tiempo, que eso no son sólo palabras, ideas y decisiones, sino realidades. Y lo son porque somos capaces de llevarlas a cabo de un modo duradero y estable, pese a las dificultades, que siempre existen. El tiempo es, pues, el crisol que permite distinguir lo verdadero de lo falso, lo auténtico de lo impostado, lo consistente de lo frágil, la realidad del mero deseo.

Para alcanzar una vida lograda y plena no es suficiente con 1.º conocerse, aceptarse y ser agradecido y 2.º decidir lo que se quiere ser a través de un proyecto personal que concede primacía a las relaciones humanas. Ambas cosas son necesarias, pero no suficientes. Es preciso 3.º realizar ese proyecto en el tiempo, superando el espejuelo de lo inmediato y efímero. Se habla mucho de sostenibilidad, sin caer en la cuenta del imposible que supone que una sociedad volcada en lo fugaz constituya algo duradero en el tiempo. Lo que es fugaz, efímero e inmediato no puede ser, al mismo tiempo, estable y duradero. Al igual que lo extraordinario deja de serlo cuando es lo habitual; otra cosa bien distinta sería realizar de modo extraordinario lo ordinario, es decir, procurar hacerlo del mejor modo posible, como si fuera extraordinario.

Y para realizar ese proyecto duradero en el tiempo, conviene tener presente y aplicar algunas ideas y claves aquí descritas. Ponerlas en práctica exige —sobre todo al principio— un poco de esfuerzo encaminado a cultivar y adquirir un conjunto de disposiciones o hábitos estables (o «virtudes», como empezó a llamarles Aristóteles), sin las cuales no es posible culminar el proyecto personal que uno se ha propuesto. Lleva a cabo ese proyecto que te ilusionó y te llevó a tomar una decisión que empeñó tu vida entera. No permitas que el paso del tiempo lo borre como el agua del mar borra las palabras de amor escritas en la arena de la playa.

CUATRO CLAVES ÉTICAS PARA UNA SOCIEDAD CIVIL LIBRE Y MADURA | 4

Ética, felicidad humana y justicia social

Jamás he conocido a alguien que haya renunciado a la felicidad. Tampoco a nadie que haya dejado de recurrir a algún tipo de ética a fin de alcanzarla. En realidad, existe un nexo clarísimo entre una vida ética y una vida feliz. La conexión entre ética y felicidad es algo permanente en la historia del pensamiento, desde la filosofía griega hasta la actualidad.

Ahora bien, ¿es posible ser feliz aisladamente de los demás? Dicho de otro modo, ¿puede uno ser feliz cuando la gente que le rodea es infeliz? ¿Es posible? De entrada, parece difícil ser feliz cuando la gente cercana no lo es. Parece que, efectivamente, mi felicidad depende, en parte, de la felicidad de la gente que me rodea.

Demócrito, un pensador presocrático, afirmaba que «quien comete injusticia es más desgraciado que quien la padece»[1]. Se trata de una afirmación certera, pese a que

---

[1] Texto n. 759 (68 B 45), Demóc., 11 (recogido en *Los filósofos presocráticos* (Introducciones, traducciones y notas por A. Poratti, C.E.

la mentalidad actual puede llevarnos a pensar que la persona verdaderamente desgraciada es la que sufre la injusticia, no quien la comete.

Aristóteles decía que llamamos justo «a lo que es de esta índole para producir y preservar la felicidad y sus elementos para la comunidad política»[2]. Por tanto, Aristóteles conecta la justicia —que, lógicamente, tiene que ver con la ética— con la felicidad; y ésta con el conjunto de la comunidad política. Esta conexión entre ética, felicidad y justicia nos lleva a la gran cuestión: ¿Es posible una sociedad civil ética?

Mi respuesta es un SÍ rotundo. No solo es posible, sino que realmente es necesario. Aristóteles, precisamente al referirse a los elementos de la felicidad para la comunidad política, sostenía que existen tres bienes que conducen a la felicidad: la virtud, la prudencia y el placer[3]. En

---

Lan, M.I. Santa Cruz de Prunes y N.L. Cordero), Madrid: Gredos, 1986 (https://archive.org/stream/ColeccionObrasGrecoLatinas1/028.losFilsofosPresocrticoslii_djvu.txt); léanse otras afirmaciones de Demócrito sobre la bondad humana: texto n. 755 (68 B 48) Demóc., 14: «El hombre bueno no para mientes en las injurias de gente insignificante»; texto n. 756 (68 B 39) Demóc., 4: «Bello es impedir que alguien cometa injusticia; y si ello no es posible, al menos no hacerse cómplice»; texto n. 757 (68 B 39) Demóc., 5: «Se debe ser bueno, o bien imitar al que lo es»; texto n. 758 (68 B 43) Demóc., 9: «Arrepentirse de las malas acciones es la salvación de la vida»; texto n. 760 (68 B 62) Demóc., 27: «Bueno es no tanto el no cometer injusticia, sino el no tener intención de cometerla»; texto n. 761 (68 B 89) Demóc., 55: «Detestable no es quien comete injusticia, sino quien lo hace deliberadamente».

[2] ARISTÓTELES, *Ética a Nicómaco*, V, 1, 1129 b18-20.

[3] ARISTÓTELES, *Ética Eudemia* 1218b32; la felicidad, por tanto, se asocia a tres géneros de vida: la vida política (se ocupa de las nobles acciones, aquellas que se desprenden de la virtud), la vida filosófica o «vida contemplativa» (se ocupa de la prudencia y de la contemplación de la verdad) y la vida del placer o «vida voluptuosa» (se ocupa del goce y de los placeres corporales) (Aristóteles, *Ética Eudemia*1215a33-1215b1-4).

la sociedad actual está extendida la idea de que el elemento fundamental para la felicidad es el placer. A mayor placer, más felicidad: este es el núcleo de la filosofía utilitarista, el cual ha alimentado —o nutrido—, de alguna manera, el pensamiento moderno en el que vivimos. Sin embargo, para Aristóteles, era la virtud, la disposición que resulta de los mejores movimientos del alma, así como fuente de sus mejores acciones y pasiones[4]. Y esto es así, añadía este filósofo, porque la virtud es «ese modo de ser que nos hace capaces de realizar los mejores actos y que nos dispone lo mejor posible a un mejor bien u obrar, que está acorde con la recta razón»[5].

Tomás de Aquino afirmaba, con respecto a la justicia, que todo gobernante debe proponerse la salvaguarda del bien común y tratar de conseguir el bienestar de sus súbditos. Además, sostenía que la felicidad y bienestar del conjunto de la sociedad está relacionado, de algún modo, con el gobierno de lo público, porque el gobernante debe proponerse la salvaguarda del bien común, en el que la ley juega su papel porque de ella se sirve el gobernante al gestionar la cosa pública. Definía la ley como «una prescripción de la razón en orden al bien común, promulgada por aquel que tiene el cuidado de la comunidad»[6]. No quiero detenerme ahora en la referencia a la «prescripción de la razón»[7], sí quiero resaltar la ex-

---

[4] ARISTÓTELES, *Ética Eudemia* 1220a30-32.

[5] ARISTÓTELES, *Ética Eudemia* 1222a8; al respecto, véase, por ejemplo, Luis Fernando Garcés Giraldo, «La virtud aristotélica como camino de excelencia humana y las acciones para alcanzarla», *Discusiones Filosóficas*, año 16 n° 27, julio — diciembre 2015. pp. 127-146 (disponible en http://www.scielo.org.co/pdf/difil/v16n27/v16n27a08.pdf).

[6] TOMÁS DE AQUINO, *Suma Teológica*, I, II, c. 90, a. 4.

[7] Pese a la relevancia de la «prescripción de la razón», máxime cuando el pensamiento moderno sustituyó la razón por la voluntad, concibiendo la ley más como un mandato del Estado que como una

presión «en orden al bien común», es decir, a la necesidad de que un poder público recurra a leyes que contribuyan o coadyuvan al bien público y facilitar así la consecución o el logro de la felicidad al conjunto de la sociedad. Esta idea es recurrente en la historia del pensamiento medieval y moderno, pasando por el iusracionalismo (siglo XVII), la Ilustración (siglo XVIII), etc., hasta la actualidad.

La conexión entre justicia, ética y felicidad pasó a los textos legales, sobre todo en las constituciones modernas. La *Declaración de Independencia americana* (4 julio de 1776), por ejemplo, contiene referencias expresas a los derechos inalienables como la vida, la libertad y la búsqueda de la felicidad, entendiendo ésta como un derecho natural inalienable. Este texto procedía, en buena medida, de otro anterior, la *Declaración de Virginia*, que menciona la existencia de ciertos derechos innatos, como la vida, la libertad, la propiedad —bajo la influencia clara de John Locke—, así como la búsqueda de la felicidad y la seguridad.

La relación entre el gobierno de lo público y la felicidad aparece también en la *Declaración de los Derechos del Hombre y del Ciudadano* de 1789, texto que vinculaba la felicidad de todos con los derechos naturales inalienables y sagrados del hombre. Ese texto pasó a la *Constitución francesa* de 1791, el cual reprodujo el párrafo de la mencionada *Declaración*. Dos años más tarde, la *Constitución francesa* de 1793 recogía, en su artículo primero, que «el fin de la sociedad es la felicidad común. El Gobierno está instituido para garantizar al hombre el goce de sus derechos naturales e imprescriptibles».

Pasemos ahora del contexto americano y francés al español. La *Constitución de Bayona*, de julio de 1808, al tra-

---

exigencia de la razón —o racional—, apelando más a la coercibilidad que a la razonabilidad, más a la fuerza creadora del poder político que a la de la razón.

tar de la fórmula del juramento real —necesario para la proclamación del nombramiento como rey—, recoge la exigencia de «gobernar solamente con la mira del interés, de la felicidad y de la gloria de la nación española» (art. 6). Cuatro años más tarde, la *Constitución de Cádiz* de 1812 señalaba que «el objeto del Gobierno es la felicidad de la nación, puesto que el fin de toda sociedad política no es otro que el bienestar de los individuos que la componen» (art. 13).

Tras el análisis de la estrecha relación entre justicia social, ética y felicidad, cabría preguntarse de nuevo: ¿es posible una sociedad civil ética? Uno siempre podría argüir que sí sería posible si los gobernantes lo permitieran o crearan unas condiciones mínimas para ello. Es innegable que si el poder público gobernara con miras al bien común y procurara la felicidad del conjunto de la nación, y las leyes fueran justas, sería más fácil la realización de una sociedad civil ética. Es cierto, pero mi tesis es que ese objetivo es una tarea del conjunto de la sociedad y que, por tanto, también es posible cuando los gobernantes apenas ayudan o contribuyen al florecimiento ético de una sociedad[8].

¿Qué pasaría si estuviéramos en una situación social y política en la que todo el mundo tuviera trabajo, todo el mundo tuviera una casa, todo el mundo tuviera educación, todo el mundo tuviera sanidad?, se preguntó John S. Mill. Y añadió: Si el Estado consiguiera lograr todo eso, ¿sería el individuo —el súbdito— feliz? Él llegó a la conclusión de que NO, porque la felicidad no depende solo del confort material, aunque está claro que es básico y ayuda. De hecho, cuentan que pasó unos días deprimi-

---

[8] ANICETO MASFERRER, «¿Es posible una regeneración humanizadora de la sociedad y de la política?», *Para una nueva cultura política*, Madrid: Catarata, 2019, pp. 11-15.

do al percatarse de que, en realidad, el poder político no puede garantizar, incluso haciéndolo bien, la felicidad de todos sus individuos.

Por tanto, la felicidad es una conquista personal, pero abierta al otro, a los demás. Está relacionada, en definitiva, con la ética. Y la ética no es, sobre todo, un conjunto de normas, de reglamentaciones que hay que procurar seguir en virtud de unos criterios, como podría ser el del deber kantiano. La ética marca más bien unas máximas fundamentales de comportamiento humano y muchas de ellas tienen que ver con los demás, es decir, con la virtud de la justicia, con «la constante y perpetua voluntad de dar a cada uno lo que es suyo» (Ulpiano)[9], a fin de que el ser humano tenga una vida plena, lograda, feliz. Existe, por tanto, una conexión directa, por una parte, entre la ética y la felicidad de cada persona, y, por otra, entre esa ética y felicidad del individuo con la justicia y el bienestar social.

Ética y libertad

Llegados a este punto, conviene tratar ahora de varias ideas preliminares sobre la ética, antes de describir —en

---

[9] También puede traducirse por «la perpetua y constante voluntad de dar a cada uno su derecho»; veamos el texto completo: «Los preceptos del derecho son: vivir honestamente, no dañar a nadie y dar a cada uno lo que es suyo» (*Iuris praecepta sunt haec: honeste vivere, alterum non laedere, suum cuique tribuere*, D.1.1.10.1); definiciones parecidas de justicia pueden encontrarse en Cicerón («La justicia es un hábito del alma, que observado en el interés común otorga a cada cual su dignidad»), Aristóteles (cuya teoría de la justicia aparece recogida en su *Ética a Nicomaco*, Libro IV; para Aristóteles, la justicia es una virtud que busca el bien ajeno, EN 1129b — 1130a; en consecuencia, el mejor hombre, el más justo, no es el que usa de las virtudes para su propio beneficio, sino para el beneficio de los demás, EN 1129b 30), y Tomás de Aquino (para quien la justicia es «el hábito según el cual uno, con constante y perpetua voluntad, da a cada uno su derecho», *Suma Teológica*, II-II, q. 58, a. 1).

la última parte— una serie de puntos o claves fundamentales para tener una vida ética.

La primera idea fundamental es la libertad. La libertad es un concepto clave, es una realidad fundamental para poder llevar una vida ética. La persona que entiende la ética como un conjunto de prescripciones normativas que exigen una fuerza de voluntad grande para conformarse con ellas, aunque no se vivan de un modo libre, esa persona no lleva una vida moral sana. Y esto es así porque la vida moral hay que vivirla desde la libertad. Además, esa persona no sería feliz porque la moral no consiste fundamentalmente en el cumplimiento de unas normas. Por tanto, hay que ser consciente de que la libertad depende, en buena medida, de lo que yo haga —esto es clave— y nadie lo puede hacer por mí. Me explico. Si dejo que alguien actúe por mí, entonces no llego a esa plenitud, porque uno tiene que hacer las cosas de manera libre, no porque alguien lo diga o porque haya una normativa que lo prescriba. Hay que intentar entender el sentido de las máximas morales —podríamos decir—, y uno, precisamente al ver o entender el sentido de las cosas, se siente atraído por eso y se adhiere a ellas libremente, con libertad interior. Es actuando así, cuando uno se hace bueno, y no conformándose con reglas que uno sigue y cumple sin entender su razón de ser.

Por tanto —insisto—, para ser feliz hay que ejercitar la libertad. De hecho, la libertad es precisamente lo que hace que seamos seres morales. No seríamos seres morales si no tuviéramos libertad. Hay una conexión directa entre la libertad y la dimensión moral de la persona. Hay, por tanto, que tomar decisiones certeras que nos hagan más libres. Hay decisiones que contribuyen a ser y hacer más libre a la persona que las toma, y viceversa: decisiones que lo que hacen es menguar, restringir o sustraer libertad al sujeto que las toma. Para alcanzar la felicidad, hay que conquistar esa libertad que permita vivir realmente en libertad.

Uno puede decir que eso exige esfuerzo. De acuerdo. El esfuerzo es una parte, pero exige, sobre todo —como decía Aristóteles—, prudencia, capacidad de entender, ver cómo puedo aplicar una máxima moral fundamental en un contexto concreto, en unas circunstancias concretas y en relación con una persona concreta. Además, también la virtud y el placer juegan su papel. Cuando la libertad se ejercita bien, con el paso del tiempo llega un momento —y es bueno que así sea— en el que se experimenta placer por hacer aquello que es bueno.

Por tanto, la primera idea fundamental para una vida moral es la libertad. Solo se puede ser bueno moralmente si uno parte desde la libertad. Esto que puede parecer una cosa de Perogrullo, muy sencilla, en la práctica no lo es tanto.

La segunda idea es que esa libertad hay que tomarla en serio. Es decir, solo existe una vida, solo se vive una sola vida; además, esa vida es única, irrepetible, no hay dos vidas en la historia de la humanidad que se repitan. Se puede decir que dos personas —quizá, tras años de amistad— se parecen mucho o que alguien se parece mucho a su padre o a su madre («de tal palo, tal astilla»). Da igual, cada persona es única e irrepetible.

Además, no hay que tener miedo a la originalidad, a distinguirse de los demás, ni, en definitiva, a ser uno mismo. La libertad conlleva un mandato radical: «Sé tú mismo». Vive tu vida, no la de los demás, ni la que vivirían otros si estuvieran en tu lugar. La sociedad, tu entorno necesita tu singularidad, necesita tu modo de ser, tu modo de pensar, tu modo de comportarte, necesita tu personalidad, necesita tu biografía. Solo tú puedes ofrecer eso a la sociedad, a tu país y al mundo entero.

Eso a veces puede dar miedo en un mundo global en el que parece que todos tendemos a asemejarnos mucho. A uno le puede dar miedo o cierto respeto singularizarse, ser distinto, no ser como los demás. Para eso yo me remito al libro *¿Qué es Ilustración?*, de Kant, escrito a finales del siglo XVIII, en 1784, y en el que afirmaba que existen dos grandes obstáculos que uno tiene que vencer: la pereza y la cobardía. Estas son las principales rémoras que impiden al ser humano salir de la minoría de edad en la que puede vivir a lo largo de toda su vida. Uno podría pensar, erróneamente, que es mejor no complicarse la vida, no singularizarse, no poner esfuerzo en aquello que merece la pena, conformarse con la gratificación instantánea de deseos efímeros y cambiantes o buscar el fruto inmediato de nuestros esfuerzos.

¡Cuántas veces se sufre ante el temor a no cosechar el fruto de lo que uno siembra! Uno se preocupa ante la posibilidad de que el esfuerzo que uno invierte en algo pueda resultar en balde. Es un temor comprensible, pero erróneo. Es un error, al tomar decisiones, centrarse principalmente en el resultado. Tomar decisiones sobre la base fundamental del resultado, y no de la bondad o del bien en sí mismo considerado de aquello que se quiere realizar, empobrece la vida moral de la persona, y es una fuente de angustia y ansiedad porque si no logro obtener el resultado, ¿qué sentido habrá tenido realizar aquello?

Además, en el tiempo y en la sociedad actuales todo va tan rápido que queremos las cosas de modo inmediato y, si no es inmediato, sostener el esfuerzo nos parece una pérdida de tiempo, y que los demás lo están aprovechando mejor porque obtienen cosas de modo más inmediato. A veces nos fijamos demasiado en lo aparente cuando, como afirma **Antoine de Saint-Exupéry**, «lo esencial es invisible a los ojos»[10]; generalmente, las cosas más importantes son aquellas que no se ven. A veces tendemos a buscar lo grande, o lo aparente. Si vemos que algo no va a tener el resultado esperado en poco tiempo, o que no va a ser inmediato, que carece de visibilidad o del glamour de la apariencia, que es algo demasiado pequeño, nimio, anodino, nos desanimamos.

Por eso, a veces nos entra la pereza y pensamos: ¿para qué?, no merece la pena hacer eso. Muchas veces también la cobardía tiene que ver con el miedo. Estamos en una sociedad en la que hay mucho temor, mucho miedo: miedo a fallar, miedo a fracasar, miedo a no estar a la altura de lo que la gente que tenemos alrededor espera de nosotros, miedo a quedar mal, miedo a ser rechazado, miedo a ser distinto, miedo a no ser comprendido. Esto impide ser feliz, ser uno mismo y pasar, de la minoría a la mayoría de edad. Te aconsejo, con Kant —en su obra *¿Qué es Ilustración?*—, «Sapere aude»[11], «Atrévete a saber»: atrévete a pensar por ti mismo, atrévete a discernir lo que es bueno de lo que no lo es, piensa por ti mismo y no te dejes paralizar por la pereza y la cobardía.

Cuatro claves éticas para una sociedad civil libre y madura

Al igual que existen cuatro claves fundamentales para la regeneración ética de la política, esto es, de quienes se dedican a la cosa pública[12], existen —a mi juicio— otras cuatro con respecto a la contribución de todo ciudadano al florecimiento ético de la sociedad.

---

[10]ANTOINE DE SAINT-EXUPÉRY, *El Principito* (1943), cap. XXI: «No se ve bien sino con el corazón. Lo esencial es invisible a los ojos».

[11] Véase la nota al pie n. 14.

[12] ANICETO MASFERRER, «Regeneración política», *Para una nueva cultura política*, Madrid: Catarata, 2019, pp. 17-20.

La ética de un país —o de una sociedad— es, en buena medida, la suma de la vida ética de los individuos que la conforman. Si uno procura ser mejor, ya está mejorando el conjunto de la sociedad. A veces uno podría deprimirse al ver que las cosas están como están; a uno le gustaría ser el salvador, el mesías del mundo en el que vive, pero esto no es así, ni resulta posible. Hay que vivir en la realidad.

Lo que uno sí puede hacer es vivir mejor, mejorar como persona; vivir así tiene siempre, de un modo u otro, un efecto contagioso. Quizá el efecto no sea visible, apabullante, inmediato, pero se va construyendo una sociedad más ética. Es verdad: si cada uno hiciera un poco más eso, el conjunto de la sociedad mejoraría, se viviría mejor, sería una sociedad más justa, quizás menos competitiva y más colaborativa; nos ayudaríamos más los unos a los otros.

Veamos ahora las cuatro claves éticas cuyo efecto no sólo sería personal, sino colectivo, beneficiándose el conjunto de la sociedad[13].

1.ª Pensar por uno mismo

El primero es clave: piensa por ti mismo. Este es un principio fundamental de la vida moral. No dejes que otro u otros piensen por ti; de lo contrario, jamás llegarás a ser realmente tú. Dejar que los demás piensen por ti conduce a dejar que también sean los demás quienes actúen y tomen decisiones por ti. Esto es lo contrario a una vida ética porque no es posible una vida ética sin su presupuesto fundamental, el de un ejercicio profundo, real y auténtico de la libertad personal.

---

[13] Todas ellas, entre otras, aparecen recogidas, de un modo más exhaustivo, en el *Manual de ética para la vida moderna*, Madrid: Edaf, 2020.

Blaise Pascal decía que el principio de la moral es «esforzarse en pensar bien»[14]. El principio de la moral no es tener una gran memoria, porque lo fundamental de la moral no es cumplir con una serie de reglas minuciosas o específicas de conducta. No. Existen unos principios morales fundamentales compartibles por millones de personas con independencia de la tradición cultural o religiosa de la que procedan, y uno mismo, con la luz de la razón, si realmente se detiene y piensa por sí mismo, puede lograr discernir lo que es bueno.

John Finnis sostenía que para tomar decisiones buenas hay que superar tres obstáculos: la cultura, el interés y las pasiones[15]. Respecto a la cultura, es cierto que algunas ideas, al estar tan metidas en la mentalidad social, tienden a darse por supuestas. Es peligrosa la tendencia a dar casi todo por supuesto. Esto sucedió precisamente en la sociedad norteamericana del siglo XIX, por ejemplo, con el racismo o la esclavitud. ¿Cómo iban a vivir sin esclavos? No era fácil pensar de otro modo en un momento en el que la esclavitud estaba completamente metida en la cultura, pero no por ello era eso algo moralmente bueno. Por tanto, la cultura puede ser, en ocasiones, un obstáculo a superar. Se requiere de personas, generalmente de una minoría que, pensando por sí misma, llegue a conclusio-

[14] «Esforzarse en pensar bien; he aquí el principio de la moral», es la afirmación completa que puede encontrarse, además de internet, en Blaise Pascal, *Pensamientos, opúsculos, cartas*, Madrid: Gredos, 2012.

[15] JOHN FINNIS, «Is natural law theory compatible with limited government?», en Robert P. George, Natural law, Liberalism and Morality, Oxford: Oxford University Press, 1996, pp. 1-26, cuya tesis fundamental del capítulo cabría resumirse en la siguiente afirmación: «In any sound theory of natural law, the authority of government is explained and justified as an authority limited by positive law (...), by the moral principles and norms of justice which apply to all human action (...), and by the common good of political communities-a common good which I shall argue he is inherently instrumental and therefore limite» (p. 1).

nes que sean contraculturales, contrarias al pensamiento o sentir —ahora cabría añadir a la emotividad— de la mayoría, máxime cuando, en ocasiones, la mayoría se debe al quehacer de un conjunto de *lobbies* o grupos financieros, políticos, ideológicos, y empresariales que, en connivencia con los medios de comunicación, se hacen con el control de la opinión pública de una parte importante del mundo.

El segundo obstáculo es el interés personal. Cuando tenemos un interés muy intenso y acentuado por algo, es difícil pensar de modo ecuánime, y llegamos a una conclusión o a una decisión que satisfaga el interés personal. Esto no significa que no podamos tener intereses, pero hay que ser cauteloso con ellos porque pueden impedir o dificultar mucho el tener una visión realista y tomar decisiones justas. No es lo mismo ser un ciudadano que se preocupa por la cosa pública que un político que vive de la cosa pública. No es lo mismo tomar una decisión moral sobre una cuestión en la que uno tiene un marcado interés personal (profesional, afectivo, económico, político, etc.), o sobre algo alejado del propio interés.

El tercer obstáculo son las pasiones. Todos tenemos pasiones, es humano tenerlas y no son malas en sí mismas. Hay pasiones que son buenas y nos llevan a hacer el bien con gran pasión —valga la redundancia—, y otras no son tan buenas. La fuerza de la pasión exige una respuesta libre y consciente, para la cual es imprescindible recurrir a la razón para dilucidar la bondad o maldad de seguirla. Esto es dominio de sí o autodeterminación. Aquí es aplicable el *sapere aude* kantiano: atrévete a pensar, a superar los obstáculos[16]. La experiencia puede consti-

---

[16] Como es bien sabido, la expresión *Sapere aude* («Atrévete a conocer»), recogido en el texto kantiano *¿Qué es la Ilustración?* (1784), fue extraída de la Epístola II *(Epistularumliber primus)*, del poeta Horacio, escrita a su amigo Lolius en el s. I a. C. en los siguientes términos:

tuir una valiosa ayuda para la vida moral: las malas decisiones del pasado pueden ayudar a reaccionar y a darse cuenta de lo bueno, las malas experiencias ajenas también nos enseñan y, a veces, incluso la lectura de un buen libro puede ayudar y orientar, pero nada jamás debería de sustituir ni suplantar el propio pensamiento crítico, la reflexión personal.

2.ª Expresar lo que se piensa

La segunda idea tiene mucho que ver con el primer punto: expresa lo que piensas. ¿De qué serviría que una persona pensara, reflexionara, tuviera sus puntos de vista sobre lo que es una vida armoniosa, ética, saludable —podríamos decir—, si luego no pudiera expresar lo que piensa, teniendo que contenerse —o reprimirse— porque no se le permite expresar eso que piensa en la sociedad? Creo que esto es un error. Muéstrate como eres, expresa lo que piensas. Este es una exigencia que hunde sus raíces en la primera clave. Es más, solo cuando expresamos lo que pensamos, sabemos en realidad lo que pensamos. El pensamiento personal no termina de configurarse hasta que no es expresado. Se puede expresar mentalmente, pero ayuda muchísimo verbalizarlo, hablando, escribiendo y dialogando con otras personas.

Gandhi afirmaba que «la felicidad se alcanza cuando lo que uno piensa, dice y hace está en armonía». Es una afirmación sensata que podríamos suscribir todos: que haya una armonía entre lo que uno piensa, dice y hace. La hipocresía está en las antípodas de una buena vida ética. A veces convendrá ser prudentes y no decir todo lo que se piensa. Hay momentos en los que hay que ser prudentes, ciertamente, pero si uno habitualmente, socapa de

---

Dimidiumfacti, qui coepit, habet: sapere aude, / incipe («Quien ha comenzado, ya ha hecho la mitad: atrévete a saber, empieza»).

supuesta prudencia, no vive en esa armonía entre lo que piensa, dice y hace, esa actitud no ayuda ni contribuye a una vida plena, lograda o feliz.

Por tanto, lo primero es pensar o razonar. Ahora bien, esto no es suficiente. Hay que aprender a expresar lo que se piensa hasta el punto de adquirir o interiorizar ese hábito. Para conquistar la libertad que me permite llevar una vida feliz necesito armonía y coherencia y, por tanto, hay que rechazar la hipocresía y la falsedad. Alguien podría excusarse diciendo que él es así, y es posible que así sea, pero tendrá que cambiar, procurando aproximarse hacia esa armonía entre lo que piensa, dice y hace.

3.º *Respetar y procurar el bien del otro*

Lógicamente, esto no debe hacerse siendo irrespetuoso con los demás, lo cual nos lleva al punto tercero: respeta y busca el bien de los demás. El respeto a los demás implica apertura y amor, procurar el bien del otro, a ese que no soy yo, pero que forma parte de mí y al que necesito para conocerme —o reconocerme—. Junto al respeto a los demás, hay que dar un paso más y decir al otro: «no solo te respeto porque en ti me veo a mí, porque formas parte de mí, porque te necesito —y me necesitas—, porque me puedes enriquecer» (y me enriquece, sobre todo, cuando no piensas lo mismo que yo pienso, esto me viene bien y me ayuda a pensar). Sobre la base del exquisito respeto al otro, hay que añadir el afán positivo por hacerle todo el bien que se pueda, que es una máxima ética fundamental: «Haz el bien que buenamente puedas a los demás».

Aristóteles afirmaba que el hombre es un animal político[17], y Victor Frankl sostenía que las puertas de la feli-

---

[17] ARISTÓTELES, *Política*, I. 1253a 2-8: «De todo esto es evidente que la ciudad es una de las cosas naturales, y que el hombre es por natu-

cidad se abren hacia afuera[18]. En efecto, las puertas de la felicidad no se abren hacia adentro, sino hacia afuera; no llevan al repliegue, sino hacia la apertura a los demás. Si no se ve de ese modo, quizá se haya caído en la afirmación de filósofos existencialistas como **Sartre**, para quien «el infierno son los otros», quienes, con su mirada y su juicio me limitan, ponen en evidencia mi limitación, me humillan, no pudiendo uno sustraerse de ese juicio ajeno en el conocimiento de sí mismo[19].

---

raleza un animal social, y que el insocial por naturaleza y no por azar es o un ser inferior o un ser superior al hombre».

[18] VÍCTOR FRANKL, *El hombre en busca de sentido* (1946); afirmación que el psiquiatra austríaco hizo como contrapunto a la del filósofo danés Søren Kierkegaard, quien consideraba que la puerta se abría hacia adentro («La puerta de la felicidad se abre hacia dentro, hay que retirarse un poco para abrirla: si uno empuja, la cierra cada vez más»).

[19] JEAN-PAUL SARTRE, *A puerta cerrada*, Madrid: Alianza, 1981; véase la versión original francesa, Jean-Paul Sartre, *Huis clos — L'enferc'est les autres*, FrémeauxColombini SAS, 2010 (disponible en https://www.philo5.com/Les%20philosophes%20Textes/Sartre_L'EnferC'EstLesAutres.htm#_ftn1): «Siempre se ha entendido mal «El infierno son los demás». Han creído que con ello quería decir que nuestras relaciones con los demás siempre estaban envenenadas, que siempre eran relaciones infernales. Y sin embargo, lo que quiero decir es algo bien distinto. Quiero decir que si las relaciones con el otro están torcidas, viciadas, entonces el otro sólo puede ser el infierno. ¿Por qué? Porque los demás son, en el fondo, lo más importante en nosotros mismos, para nuestro propio conocimiento de nosotros mismos. Cuando reflexionamos acerca de nosotros, cuando intentamos conocernos, en el fondo usamos conocimientos que los demás ya tienen acerca de nosotros, nos juzgamos con los medios que los demás tienen —nos han dado— para juzgarnos. Diga yo lo que diga acerca de mí, siempre el juicio ajeno entra en ello. Sienta yo lo que sienta de mí, el juicio ajeno entra en ello. Lo que quiere decir que, si mis relaciones son malas, me coloco en una dependencia total respecto del otro y entonces, en efecto, estoy en el infierno. Y existe cantidad de gente en el mundo que está en el infierno, porque depende demasiado del juicio ajeno. Pero eso no quiere decir en absoluto que no se puedan tener otras relaciones con los demás, sólo señala la capital importancia de todos los demás para cada uno de nosotros».

Hay que cultivar la cultura —valga la redundancia— del respeto. Esto significa cultivar también la escucha y el diálogo, sobre todo, con quien piensa distinto, aceptando a los demás sin juzgarles. Mirar a las personas con buenos ojos es un modo de tratarles con respeto, sin etiquetarlas ni instrumentalizarlas. Pasar del respeto a la ayuda o a la búsqueda de su bien, es, en el fondo, amar. Amar a una persona es buscar lo mejor para ella, procurar su bien. Es posible que, en ocasiones, esto pueda ir más allá de mis propios intereses, de lo que a mí me interesa personalmente, pero una vida lograda no deja a nadie al margen, porque el bien ajeno termina entrando a formar parte de los propios intereses.

4.ª Buscar la excelencia en todo lo que se hace

El cuarto punto se refiere a otra máxima ética: busca la excelencia en todo lo que hagas. Lo que uno hace lo abarca todo: estudio, trabajo, vida familiar, vida social, trato con amigos, aficiones, etc. Se trata de procurar hacer bien todo lo que uno hace o tiene que hacer. Esta es otra máxima ética fundamental. Podría parecer que este principio no casa con el reproche dirigido a la persona que busca sólo el resultado, lo inmediato, lo aparente. En absoluto. Quien busca la excelencia no persigue el resultado, sino el bien; por esto se afana por trabajar de modo excelente. Siempre que algo te parezca bueno, que te pueda hacer bien y hacer bien a los demás, procura hacerlo, aunque sea arduo y complicado (siempre y cuando no te vaya a romper interiormente, lógicamente; a cada uno corresponde ver hasta dónde pueden llegar las propias fuerzas y cuál es la higiene mental que se tiene).

Actuar en conciencia, haciendo lo que uno cree que tiene que hacer (porque lo percibe como bueno), incluso a sabiendas de que quizá no obtenga el resultado esperado, genera un efecto muy positivo en uno mismo. ¿Por qué? Porque el criterio fundamental de la ética no es utilitarista ni pragmático. Por el contrario, la búsqueda del resultado en todo suele generar tensiones, angustia, ansiedad y, en ocasiones, depresión.

A la hora de buscar la excelencia, sé creativo y auténtico, haciendo el bien y procurando hacer bien todo lo que haces. Insisto: trata de pasar la vida haciendo el bien y haciendo bien todo lo que haces, que son cosas distintas. Procura descubrir, con la mente y el corazón, cómo hacer el bien y cómo hacer bien las cosas, pero no las hagas meramente por interés, contraprestación o premio. Lógicamente, es mejor hacer el bien por un premio que no hacer el bien, pero si uno quiere construir una vida lograda, profunda, auténtica, debe procurar hacer las cosas por su bondad, porque son buenas en sí mismas. Solo así uno se hace bueno y mejora como persona. Esto es así porque uno se convierte en aquello que busca al actuar o comportarse. Aristóteles dice que el premio de la virtud es la virtud misma que origina la felicidad (o vida lograda).

Pongo un ejemplo. Imagina que estás en la calle y ves en el semáforo a una persona que, estando junto a alguien que está ciego, se ofrece a ayudarle a cruzar: «¿Quiere usted que le ayude a cruzar la calle?», y cruza la calle. ¿Qué pensarías? «¡Qué acto más bueno!». El ciego baja una calle y llega a otro cruce, y sucede lo mismo con otra persona que le asiste. Aparentemente, los dos actos son idénticos: una persona necesitada es ayudada por alguien que le puede facilitar cruzar la calle; sin embargo, los dos actos pueden ser completamente distintos porque quizá el primero ha prestado aquella ayuda porque quería quedar bien frente a otra persona que estaba delante; y la otra persona lo ha hecho porque lo que realmente buscaba era ayudar a esa persona ciega, con independencia de que pueda quedar bien o mal. Esas dos personas se han configurado en lo que han buscado al actuar. Si uno ha querido actuar bien y lo que buscaba era ayudar al ciego, se ha hecho bueno al prestar ese servicio; si uno ha buscado aparentar, quedar bien, lo que habrá conseguido es reforzar esa imagen o apariencia, sabrá aparentar más, pero no se habrá hecho mejor persona, máxime cuando la moral tiene que ver con la verdad y el bien, no con la apariencia, la hipocresía o la falsedad.

Consideración final

Al lector le corresponde enjuiciar en qué medida es certera la tesis aquí sostenida, a saber, que el florecimiento ético de una sociedad no depende tanto, ni fundamentalmente, de sus gobernantes, como de la ética personal del conjunto de sus ciudadanos. ¿Qué sucedería si la mayoría se empeñara en llevar a la práctica las cuatro claves aquí analizadas? Mencionémoslas aquí de nuevo, como recapitulación y a modo conclusivo:

1.ª Pensar por uno mismo.

2.ª Expresar con libertad (y respeto) lo que se piensa.

3.ª Respetar y procurar el bien de los demás.

4.ª Buscar la excelencia en todo lo que uno hace.

Mi respuesta a la pregunta es clara: tendría lugar la mayor revolución social que jamás se haya podido ver. No se trataría de una revolución violenta, sino pacífica y duradera porque se cimentaría sobre unos postulados éticos verdaderamente humanos y vividos en libertad, quizá a pesar de los gobernantes (gobernantes que tendrían que cambiar al tratarse de una sociedad libre y democrática, si quisieran seguir gobernando) y, desde luego, tampoco por sus medidas o prescripciones legales. En realidad, estaríamos ante una auténtica democracia —o una democracia realmente madura—, en la que todos contribuirían —con su vida, su trabajo y su participación activa mediante el ejercicio de la libertad de expresión en los procesos de deliberación pública—, al florecimiento de una sociedad civil más libre y madura.

EPÍLOGO:
A VIVIR EN LIBERTAD SE APRENDE

No quiero terminar este libro sin dirigirme más directamente al lector más joven, quizá al estudiante que, una vez leído el libro, querría saber cómo y por dónde empezar. También quiero dirigirme al docente que, consciente de la magnitud de su quehacer, desearía contribuir más positivamente al proceso de crecimiento y maduración —tanto humano como intelectual y profesional— de sus estudiantes. A ambos conviene decirles que no se nace sabiendo vivir en libertad ni siendo un buen docente, sino que se aprende. Esto no es algo que a uno le venga dado, sino que se aprende, y ese aprendizaje depende, sobre todo —y más allá del sistema educativo o de las condiciones de trabajo—, de uno mismo.

«Yo no te engaño».
Carta de un profesor universitario a su estudiante

Querido estudiante: Recientemente leí un texto de un colega mío, profesor de otra disciplina y universidad, en el que se dirigía a su estudiante de Grado, confesándole que le estaba engañando. En realidad, incluía a más profesores: «Te estamos engañando». Tras leerlo con interés y reflexionar al respecto, siento la obligación de confesar que yo, a diferencia de ese colega mío, jamás te he engañado. En realidad, mi experiencia docente —a lo largo de un cuarto de siglo— ha sido otra bien distinta. Mentiría si dijera que las cosas no han cambiado en los últimos años, que tu preparación es notablemente peor que la de hace una década: te cuesta mucho más leer un texto, tratar de comprenderlo, reflexionar y expresar —oralmente y por escrito— las ideas. Además, tienes una mayor dificultad en concentrarte y mantener la atención. Esto es patente y lo experimentas a diario.

Sin embargo, al mismo tiempo compruebo a diario tu afán de mejora y superación, tu anhelo inconformista, así como tu interés y curiosidad por aprender. Para mí es un milagro —que se repite una y otra vez desde hace años— constatar cómo mantienes la atención a lo largo de una hora y media o dos horas, que es —como bien sabes— lo que duran las clases que imparto en el primer curso de Grado en Derecho. Te acordarás de aquella vez que te distrajiste con el portátil, y que, al hacerte una pregunta para que reaccionaras, te diste cuenta de que carecía de sentido venir a clase para perder miserablemente el tiempo. Es en clase, dialogando contigo —para mí, enseñar es dialogar, como aprendí de Sócrates— donde me has hecho saber lo que piensas de ti, en ocasiones incluso lo que sientes de ti mismo. Cabría resumirlo en un solo párrafo.

Eres joven, pero has hecho ya de todo. Has pasado muy buenos momentos, pero quizá también hayas sufrido bastante —diría que demasiado por la edad que tienes— y esto te ha hecho pensar que no todo te ha ayudado. En algún caso, quizá en tu casa no hayas terminado de recibir el afecto y la seguridad deseables. En otro, el ambiente escolar —con respecto a algunos maestros y compañeros— te hizo sufrir y no contribuyó a afianzar tu autoestima. Eres consciente de que la educación recibida no ha sido la mejor: apenas te han enseñado a leer, a pensar por ti mismo, a expresar tus reflexiones e ideas sin temor a equivocarte, a aprender que la realidad es compleja —que no todo es blanco o negro—, y que para acceder a ella hay que pensar, escuchar y dialogar respetuosa y serenamente. Ahora también te das cuenta de que las redes sociales, que veías tan necesarias como la tierra que pisas o el aire que respiras, se han convertido en algo tóxico, adictivo y empobrecedor. No puedes vivir sin ellas, pese a saber que te hacen perder el tiempo, anestesian tu creatividad y esterilizan tu genuino proyecto vital —único e irrepetible—, además de hacerte sentir mal contigo mismo porque, aun sabiendo que ahí nadie se muestra como realmente es —tampoco tú—, siempre salen rostros que parecen más felices y agraciados que tú, y es fácil caer en comparaciones odiosas que amargan la propia existencia y minan notablemente la autoestima. Quizá no te has respetado —ni hecho respetar—, y hayas hecho cosas que hubieras preferido no hacer, y que te han llevado a despreciarte a ti mismo —o a algunas partes de ti—, a perder la autoestima y confianza en ti, y esto te dificulta la relación con los demás, a quienes ves como un peligro o una amenaza, quizá porque ya hayas tenido alguna experiencia en este sentido. Esto te lleva a cerrarte, a vivir instalado en la prevención y, sobre todo, en el miedo: a equivocarte, a quedar mal, a ser rechazado, a defraudar a otras personas; en definitiva, a un vivir sin vivir por miedo. Es como si vivieras estando, en realidad, muerto, porque ese sujeto que vive no eres tú, sino otra sin vida propia. Déjame ahora que haga algunas sugerencias.

1. Sé tú el escritor y el principal protagonista de tu biografía. No permitas que nadie la escriba por ti, ni te robe el papel que te corresponde. Lo pierdes cuando te

victimizas, tratando de justificar tu conducta o escudándote en cómo se te ha tratado (familia, colegio, amistades, ambiente social, falta de oportunidades, etc.). Aunque algunas carencias (afectivas, educativas o socio-económicas) sean ciertas, colmarlas depende fundamentalmente de ti. No dejes que los defectos de los demás, de la sociedad o del sistema educativo te frenen o pongan techo a tu vida. Céntrate en lo que de ti depende. Para ello, procura conocerte mejor, acéptate como eres —con tus luces y sombras— y aumenta tu autoestima: céntrate en las cosas buenas que tienes y procura desarrollarlas como buenamente puedas.

2. Reconcíliate contigo mismo. No te desprecies ni te rechaces por nada que hayas hecho, dicho o pensado. Si te has equivocado, reconócelo, perdónate y haz las paces contigo. Sé que esto, a veces, no es fácil. Pero no olvides que tú no eres lo que haces. Vales mucho más. No eres tan malo como te crees o algunos te hacen ver. Lo que has hecho tiene remedio. Si no te perdonas y reconcilias contigo, no podrás vivir en paz, enrarecerás tu carácter, tu relación con los demás se resentirá, y serás incapaz de perdonar a los demás. No perdonar a quienes quizá te hayan perjudicado resulta dañino. Trata de perdonar sin juzgar a quien te haya hecho daño y no permitas que el resentimiento anide en tu interior. Es venenoso, tóxico y altamente inflamable. Recházalo sin ambigüedades.

3. Ten un proyecto: embárcate en algo grande que merezca la pena, que te ilusione y te dé un propósito y una motivación fuerte que traccione tu vida y te facilite avanzar cada día un poquito en esa dirección. Eso te ayudará a dejar pasar infinitas ofertas de distracción y gratificación inmediata de deseos tan efímeros como estériles.

4. Piensa por ti mismo. Deja de refugiarte en lo que los demás piensan, hacen y dicen. Ten verdadero interés en

saber lo que tú *realmente* piensas sobre las cosas. Sólo así serás capaz de hacer lo que tú *realmente* quieres. Cuando no es uno quien *realmente* piensa, tampoco es uno quien hace lo que *realmente* le da la gana (a nadie le gusta reconocer que su aparente libertad deja mucho que desear). A veces eres consciente de ello, pero prefieres seguir actuando así por miedo a equivocarte (porque es más cómodo y llevadero equivocarte por haber hecho lo que los demás te habían dicho o esperaban de ti, que por haberlo decidido libérrimamente, incluso contrariando el parecer de quienes esperaban otra cosa de ti). No dejes de pensar por ti mismo por temor a equivocarte: es preferible equivocarse habiendo pensado por ti mismo, que estar en la verdad habiendo asumido acríticamente un pensamiento ajeno.

5. Aprende a expresar lo que piensas y a dialogar de modo respetuoso y sereno. Escucha a todos con interés y atención, sobre todo a quienes no piensan como tú, tratando de entender bien su modo de ver la realidad. Dialoga con todos, pero especialmente con los discrepantes. Respeta a todos. Valora a las personas por lo que son, no tanto por lo que hacen o dicen. No des demasiada importancia a quienes te valoran fundamentalmente por lo que haces o dices, y menos a quienes tratan de imponer sus ideas, en vez de limitarse a exponerlas.

6. Dedica un tiempo diario a la lectura. Dialoga con pensadores y escritores que te han precedido o quizá jamás podrás llegar a conocer. Dedica un tiempo diario a la lectura sosegada. Es reconfortante porque te reconcilia contigo mismo y estimula tu pensamiento. Leer te ayudará a pensar más, a expresarte mejor, a ser más creativo, a conocerte un poquito más y a comprender mejor el mundo en el que vives.

7. Escribe todos los días un poco. Se puede hablar sin pensar, pero no es posible escribir sin pensar. La escritura

activa mucho la capacidad de razonar. Lo tengo más que comprobado. Haz tú la prueba: empieza a escribir tu pequeño diario, y anota todos los días algo que hayas hecho, algún suceso o alguna reflexión personal. En pocas semanas, habrás aumentado notablemente tu capacidad de pensar por ti mismo.

8. **No te engañes ni dejes que te engañen.** Lo que vale, cuesta. Exige esfuerzo, tiempo y dinero. Si alguien te dice lo contrario, te engaña. Si a ti no te cuesta, quizá sea porque lo que haces merece poco la pena. Piénsalo. Si piensas que eres más libre por el solo hecho de tener más posibilidades de elección, te has engañado. Las redes sociales contienen infinitas posibilidades, casi todas ellas portadoras de una gratificación inmediata, pero que no te liberan ni te hacen mejor persona, sino todo lo contrario: te atan, te degradan, te hacen más vulnerable, socavando tu autoestima y esterilizando tu existencia. Quizá ellas te hayan hecho comprobar que no todo lo que has «consentido» ver o consumir haya contribuido positivamente a ganar en libertad. Si te habías llegado a creer que el consentimiento es lo único que confiere sentido a tus decisiones y relaciones personales, te han engañado. No sigas malgastando así tu vida. Consiente sólo en aquello que tenga sentido, sea razonable y concuerde con quien eres y, sobre todo, con quien quieres llegar a ser. Libérate cuanto antes de esa maraña para poder vivir con sentido (y menos consentido).

9. **Vive en el presente.** Céntrate en lo que tienes que hacer en cada momento, poniendo ahí todos tus sentidos y potencias, con atención y fijeza en los pequeños detalles, sin dejarte distraer por cosas que no vienen al caso, y sin preocuparte demasiado por el resultado —más o menos inmediato— de lo que haces. Así, harás todo con paz y cierto goce, sin angustiarte por un fruto o futuro incier-

tos. Sé constante en aquello que te propones, en tu plan de clases y estudio diario, y el paso del tiempo jugará a tu favor. Pierde el miedo a equivocarte: lo que te impide ser mejor no son tus errores —que todos tenemos—, sino la mediocridad y falta de coraje que te impiden tomar buenas decisiones por miedo a no estar a la altura. Cada error reconocido y rectificado te acerca más a lo que quieres llegar a ser.

10. No existe motivación o fuerza motriz más fuerte que el amor. Es cierto que el estímulo y la ilusión que suelen generar un buen proyecto (n. 1) pueden llegar a tirar mucho de uno, pero existen motivaciones radicales o profundas que traccionan mucho más. Un mínimo de autoestima y, sobre todo, el amor a los demás —y a Dios, para el creyente— pueden llegar a tener una fuerza mucho mayor, porque hacer algo buscando el bien de otras personas —empezando por aquellas más cercanas—, estimula más la capacidad creativa y la disposición de sacrificarse gustosamente por algo que realmente lo merece. Suele ser mejor profesor el que aprecia y busca el bien de sus estudiantes, y mejor empresario el que tiene presente el bien de sus trabajadores, proveedores y clientes.

No quiero que pongas en práctica ninguno de estos consejos por provenir de mí. No. Más bien te sugiero que los pienses por ti mismo y trates de imaginarte, por un momento, qué sería de tu vida si, una vez analizados estos puntos de un modo crítico, decidieras hacerlos tuyos e integrarlos en tu vida. Si tomas esa decisión y eres consecuente con ella, te puedo adelantar lo que te sucederá. Confiarás más en ti; mejorará tu autoestima; te harás respetar más; serás menos dependiente y te importará mucho menos lo que los demás hagan, digan o piensan; dejarás de victimizarte por las carencias de tu entorno (familiar, educativo, universitario, socio-económico, laboral, etc.), y empezarás a descollar académicamente, a tener más ilusión profesional y a percibir una plenitud de vida con menos dependencias virtuales y más rostros reales con quienes compartir, dialogar y disfrutar. Quizá esté equivocado (también yo me equivoco, tanto o más que tú), pero bien sabes que te digo lo que pienso, que no te engaño. Si te surge alguna duda, o haces la prueba y encuentras dificultades o constatas que estoy en el error, te agradecería me lo dijeras con franqueza (aniceto.masferrer@uv.es). No lo olvides: vales mucho. Te desea lo mejor, tu antiguo profesor.

Vocación docente

Descubrir mi vocación docente —hace ya tres décadas— fue una de las experiencias más bellas y decisivas de mi vida. Quien así se siente, jamás piensa que lo conoce ya todo, ni se ve mejor que sus colegas, porque sabe que la cumplida realización de esa tarea excede sus propias fuerzas. Conozco las deficiencias del sistema universitario, así como las carencias de los estudiantes de hoy, consecuencia de una educación que no fomenta el gusto por la lectura y la escritura, ni enseña a pensar por uno mismo y a expresarse en público, ni potencia la memoria, imprescindible para argumentar, razonar y relacionar realidades e ideas diversas. El docente universitario no es necesariamente un psicólogo ni debe ejercer como tal, pero le conviene conocer bien su auditorio si quiere enseñar o dialogar, porque el binomio enseñanza-aprendizaje se sustenta en una actividad dialógica: el docente no logra enseñar si el estudiante no quiere aprender. Mi experiencia docente me ha demostrado que existen cinco claves fundamentales que permiten superar las actuales carencias del estudiante.

La primera clave es *la ilusión y su contagio*. Es cierto que la generación actual refleja una cierta desgana o hastío, quizá por tenerlo todo sin esfuerzo alguno o por haber podido gozar de muchas experiencias a una edad muy temprana. Sin embargo, mantienen la capacidad de ilusionarse y distinguen con facilidad entre aquellos docentes que enseñan con ilusión y los que no, entre aquellos que imparten sus asignaturas con cierta frialdad y aquellos que lo hacen con interés e incluso con pasión. El docente que imparte sus clases con pasión suele contagiar a una buena parte de sus estudiantes, quienes, a su vez, contagian a otros. Que los estudiantes se dejan contagiar por la ilusión y la pasión del docente no es una teoría, sino una realidad, un hecho de experiencia.

La segunda es *la búsqueda del sentido de la realidad y el afán por conocer.* No hay empresa más difícil —por no decir imposible— que la de estudiar algo sin haber despertado el interés o sin haber sentido la necesidad de conocerlo. Afirmaba Ortega y Gasset que «enseñar no es primaria y fundamentalmente sino enseñar la necesidad de una ciencia y no enseñar la ciencia cuya necesidad sea imposible de hacer sentir al estudiante». El estudiante detesta tener que estudiar realidades, problemas o procesos cuyo sentido no comprende o se le escapan por completo. El docente debe empezar por ahí y permanecer ahí hasta que no haya logrado transmitir a sus estudiantes el sentido de su asignatura en general, así como de cada lección en particular.

La tercera es *la actitud cercana y humilde, junto con el refuerzo de la estima y de la autoridad.* Los estudiantes suelen ser conscientes de su escasa formación. Piensan —simplificando un poco— que sus conocimientos son muy escasos y que su profesor lo sabe casi todo. Esta mentalidad condiciona la relación docente-discente, alejando a quienes necesitan cercanía para dialogar. De ahí que el estudiante tienda a adoptar una actitud pasiva y evite intervenir: le da vergüenza decir algo o dar su parecer ante alguien que, dotado de conocimiento, pueda descubrir el alcance de su ignorancia. Dejar al descubierto su ignorancia les produce una humillación análoga a la que sentiría cualquiera que se quedara físicamente desnudo ante una persona extraña. No se interviene a fin de salvaguardar el pudor y el buen nombre. El docente tiene que salir al paso de este error, promoviendo el diálogo —la enseñanza es un diálogo entre docente y discente—, sin pretender ocultar la verdad de que, en efecto, él sabe más que el estudiante. Superar esta actitud preventiva, distante y pasiva del estudiante es posible si el docente adopta una doble toma de conciencia:

i) ser consciente de que también él, pese a haber estudiado mucho un campo de la realidad, no es capaz de abarcarlo en toda su complejidad, y de que podría conocerlo aún mejor; idea perfectamente sintetizada en la famosa afirmación socrática de «sólo sé que no sé nada», así como en la célebre frase de Benjamin Franklin: «El que se enorgullece de sus conocimientos es como si estuviera ciego en plena luz»; y

ii) ser consciente de que muchos de los estudiantes a los que enseña serán, el día de mañana, mejores profesionales que él/ella; en otras palabras, el docente, sin cerrar los ojos a la realidad presente de sus estudiantes (con sus carencias y dificultades), debe tratar de mirarlos —admirarlos y tratarlos— por lo que pueden llegar a ser, conscientes de que esto último depende, en buena medida, de su labor docente. De ahí la certera afirmación del poeta Hesíodo: «la educación ayuda a la persona a aprender a ser lo que es capaz de ser [en el futuro]», y no tan sólo a aprender lo que se es [en el presente]. El buen docente, consciente de esa siglo realidad total» (biografía) —y no tan sólo de la «realidad parcial» (tiempo presente)—, adopta una actitud cercana y humilde que facilita su relación con los estudiantes, de quienes se gana la estima, reforzando al mismo tiempo su autoridad.

La cuarta clave es *la confianza y el afán por corresponder*. Confiar —o creer— en una persona constituye una notable muestra de sincero aprecio y estima. Con razón se ha afirmado que «la enseñanza que deja huella no es la que se hace de cabeza a cabeza, sino de corazón a corazón» (Howard G. Hendricks). El paso del tiempo no logra borrar de la memoria aquellas personas que, al pasar por nuestra vida, creyeron en nosotros. Los estudiantes captan perfectamente este mensaje: detectan de inmediato a qué profesor importan y a cuál no, qué profesor cree en ellos (esto es, que están convencidos de que pueden llegar a ser buenos estudiantes y profesionales), y qué otro no espera gran cosa de ellos. También entienden perfectamente que el buen profesor es exigente con los estudiantes (y puede hacerlo porque también él se exige a sí mismo), y que la falta de exigencia de un profesor puede deberse a que poco espera de sus estudiantes. El «Efecto Pigmalión» muestra que cuando los estudiantes perciben que su profesor confía en ellos, rinden más porque responden positivamente a sus gestos (empatía, sonrisa, elogios, etc.): se crea un clima emocional más cercano, se enseña más materia, hay más preguntas y se genera un diálogo entre el docente y sus discentes. El profesor que, en su relación con los estudiantes, muestra la tríada «estima —confianza— exigencia» suele motivar, estimulando en ellos un notable afán de correspondencia que facilita el diálogo enseñanza-aprendizaje.

Y la quinta clave se refiere a *un método docente que estimule y promueva el afán de superación*. De poco serviría que el docente lograra contagiar su ilusión a los estudiantes, hacerles ver el sentido de la asignatura, ser una persona cercana y humilde, y dar pruebas palpables de su confianza hacia ellos, si luego, a lo largo del curso, no empleara una buena metodología con retos asequibles, planteados semana a semana, que estimularan y fomentaran en el estudiante su afán de superación. Cada sesión de clase debe ser un reto para el estudiante, una oportunidad de mejora (imposible sin la contribución del docente en clase), una ocasión para salir del anonimato y reafirmar la dimensión personal de todo proceso de aprendizaje.

Un docente toca el cielo en el desempeño de su quehacer cuando siente tanta pasión por lo que enseña como sincero afecto hacia quienes enseña. En sus *Diálogos*, Platón presenta a Sócrates como seductor, amado y amante. El pensamiento avanza bajo el impulso del Eros, sin el cual pierde toda su vitalidad (Byung-Chul Han). A mí me resulta mucho más gratificante una buena clase que publicar un buen artículo en una prestigiosa revista, probablemente porque un solo rostro humano —el que sea— es más bello y digno de ser amado que todos los misterios de este mundo y del universo entero.

SELECCIÓN DE QUINCE LECTURAS RECOMENDABLES

José Ramón Ayllón, *Ética razonada*, Madrid: Palabra, 1998.

François-Xavier Bellamy, *Permanecer. Para escapar del tiempo del movimiento perpetuo*, Madrid: Encuentro, 2020.

Luis Gutiérrez Rojas, *La belleza de vivir. Todos los problemas tienen solución*, Madrid: Ciudadela, 2021.

Byung-Chul Han, *La sociedad del cansancio*. Barcelona, Herder, 2012.

—, *Vida contemplativa. Elogio de la inactividad*, Madrid: Taurus, 2023.

Miguel Ángel Jordán, *Volver a disfrutar. Ser felices en nuestra vida personal y profesional*, Madrid: Ciudadela, 2022.

Alejandro Llano, *La vida lograda*, Barcelona: Ariel, 2017.

Emilio Lledó Íñigo, *Los libros y la libertad*, Madrid: RBA, 2022.

Alasdair MacIntyre, *Tras la virtud*, Madrid: Crítica, 2001.

ANICETO MASFERRER (ED.), *Manual de ética para la vida moderna*, Madrid: Edaf, 2020.

ANICETO MASFERRER, *Libertad y ética pública. Por qué pensar críticamente es clave para salvar la democracia*, Córdoba: Sekotia, 2022.

JACQUES PHILIPPE, *La libertad interior*, Madrid: Rialp, 2003.

MARIÁN ROJAS ESTAPÉ, *Cómo hacer que te pasen cosas buenas*, Madrid: Espasa, 2018.

—, *Encuentra tu persona vitamina*, Madrid: Espasa, 2021.

EMILY E. SMITH, *El arte de cultivar una vida con sentido*, Madrid: Urano, 2017.